L'État de garce

Florence Hernandez

L'État de garce

Pourquoi et comment vivre comme une garce

Albin Michel

22, rue Huyghens, 75014 Paris
ISBN 2-226-07675-1

De la gare à la garce, il n'y a qu'un *c*, comme dans remercier.
De la garce à la grâce, il n'y a qu'un chapeau, pour vous le retirer...

À Indiana Jules

Sommaire

Avant-propos

Quand on est rien qu'une fille, on se fait marcher sur les pieds. Dans le métro aux heures de pointe, passe encore, mais dans la vie, pas d'accord ! Pour remédier à ce sexisme ambiant, une seule solution… être garce ! Ou le devenir. Ou s'arranger pour qu'on le croie. À chacun ses armes après tout !

Entre les célibatrouilles, les wonder-boys, les « chez toi ou chez moi », les culbuteurs de classe éco, les accros du mélo, les arracheurs de dents, les séducteurs poêle Téfal et les « j'y-peu-rien-j'chui-com-ça », nos melting potes présentent tous de gros défauts de fabrication. Et devant leur mauvaise foi, leurs demi-mensonges, leurs quarts de vérités et les goûts salé-sucré qu'ils s'acharnent à nous faire avaler, avant d'aller voir ailleurs des fois qu'il y serait pas, on a beau se creuser les méninges, chercher la vacherie qui tue ou le truc qui pourrait lui faire bien mal, rien ne vient. C'est la panne sèche. On se sent tarte, godiche, nulle. Conne. Même sur nos quinze centimètres d'altitude, on est prise de vertige. On ne trouve plus le mode d'emploi pour leur dire « non mais, téki toi ? ». Et alors, dans ces cas-là, on fait quoi ? Et bien on prend *L'État de garce* et on cherche la page qui sauve ! Feuilletez, compulsez, lisez ses chapitres de manière cursive, cornez certaines pages, soulignez-en d'autres, cochez, apprenez des passages par cœur, faites des réserves, scrogneugneu ! Au cas où. C'est-à-dire juste pour éviter d'être prise au dépourvu ou d'avoir l'esprit de l'escalier. Ainsi font, font, font les petites midinettes mais... uniquement les sans-polyphosphates.

Bref, ce livre est un guide à l'usage des nanas qui veulent embêter les garçons et n'a d'autre prétention que celle de leur montrer de quel bois on se chauffe et que, malgré les apparences, l'on avale pas n'importe quelle RU.486 ! Mais un guide qui ne se réduit pas à des recettes à appliquer, à des gens à connaître, à des lieux à fréquenter, non ! *L'État de garce* ressemble plus à un manuel de savoir-vivre de la garce et de l'apprentie-garce qu'à un ouvrage qui aurait pour finalité de référencer des manières d'agir spécifiques aux filles qui font partie du Club. Ce livre est un guide parce qu'il donne des indications, mais il est aussi et surtout un ouvrage de formation (ou de déformation, tout dépend de quel côté on se place), d'apprentissage. En prenant des exemples historiques, littéraires et cinématographiques, mon intention est de montrer que la garce est polymorphe et qu'elle n'est jamais là où on l'attend. Elle s'adapte à son milieu et à son époque. Aujourd'hui, ce sont les médias qui véhiculent la nouvelle typologie de ce trouble-fête en jupon, qui la définissent, en soulignent les traits de caractère, les tendances. Mais de là à la faire rentrer dans des cases, pas question ! *Elle* peut être *Jeune et Jolie* ou très *Glamour*, à la fois *Cosmopolissonne* et *Vitale*, vivre une vie en *Vogue* pleine de *Frou-Frou*, avoir *20 Ans* et s'appeler *Marie-Claire* ou *Marie-France*. Elle est toujours unique même si elle est passée maître dans l'art de la récup ! Avec *L'État de garce*, vous pouvez donc sans danger dépasser la dose prescrite : cet ouvrage n'est pas un médicament. Mais un manuel. Celui du savoir-virer de bord.

Alors bien sûr, les chologues et les quiatres ont tendance

à l'assimiler à une hystérique. Utilisant les raccourcis du dictionnaire qui veut que garce soit le féminin de gars, ils en concluent qu'il s'agit là d'une revendication féminine qui « sexprime » par une quête d'amour, parce qu'il y a un manque « keke'part ». C'est oublier que le féminin lui-même est hystérique ! Le but de la garce est de se faire aimer ? Bon et alors ? La vie est trop courte pour aimer triste ! Alors tant qu'il y aura des hommes, il y aura des garces ! Et puisque nos fantasmes nous découvrent mieux que nos discours, il me plaît à penser qu'une garce, c'est une femme qui aime les hommes qui aiment les femmes... Le genre « qui craint le grand méchant coup, c'est pas nous, c'est pas nous »... Voyez.

1.
Une garce : céki, cékoi ?

Ben, heu, c'est-à-dire, à vrai dire non, à dire vrai, à partir de dorénavant jusqu'à désormais inclus, on sait pas... Et puis zut, nous on n'y peut rien, c'est la faute à quand on était petite !

Mon conseil : **N'essayez pas de trouver votre photo au premier chapitre, c'est elle mais pas encore vous !**

Confidence pour confidence, c'est moi que j'aime à travers vous...

Jean SCHULTHEIS

Il y a un grand malentendu, pour ne pas dire une grande injustice à propos des garces. Parce que, à bien y réfléchir... que celle qui ne l'a jamais été me jette dans les bras du premier Pierre !

Dans *Le Petit Larousse*, juste après le mot *garbure* qui, pour information, est une soupe épaisse à base de choux, de confit d'oie et de pain de seigle n'existant pas encore en version allégée, on trouve la définition du mot garce. *Garce :* n.f. Femme, fille méchante, désagréable ; chipie.

En partant du principe — aisément vérifiable — que les femmes n'ont pas eu leur mot à dire lors de l'élaboration du dictionnaire et que seuls les hommes sont responsables de cette définition (céki ki a inventé le dixionnère, hein ?), je peux, et sans aucun complexe, me permettre une réflexion révisionniste sur la chose. Juste pour réhabiliter les garces. D'abord parce que ça m'arrange. Sans tenir de comptabilité, comme ça, à vue de nez, il me semble que je l'ai été plus de fois que je ne suis allée à la messe. Et puis en tant que femme, *je* nous dois bien ça.

De cette définition simpliste et affreusement phallocrate s'inscrivant en noir sur blanc dans l'annuaire des noms communs, il faut retenir qu'une garce est le genre de femme absolument infréquentable mais... à qui l'on rêve toutes de ressembler !

Si ces messieurs coincés du glossaire ont qualifié la garce de *méchante*, c'est parce que, selon eux, elle utilise des moyens d'action contraire à *leur* morale. Mais si, en plus, ils la gratifient du label *désagréable*, c'est parce que, selon moi, elle ne fait pas toujours ce qu'*ils* veulent. Elle, entendez *nous*, les filles. Ils, entendez *eux*, les mecs. Et ce qu'*ils* veulent, c'est coucher avec nous ; mais ça, vous l'aviez peut-être déjà deviné ! Quant à *chipie*, là nous sommes d'accord. Aussi intrépide qu'imprévisible, la chipie possède un tempérament espiègle, immature et canaille que l'on rencontre chez la plupart des nanas dignes de ce nom.

Et puis, pourquoi m'en cacher, la chipie me ramène à mon enfance. Quand j'entamais un paquet de biscuits — sans l'autorisation de la reine-mère — et qu'après m'être empiffrée, je le retournais perfidement afin que, ni vu ni connu, il paraisse intact. Juste avant Noël, c'est avec la même ingénue perversité que je fouinais dans tous les placards de la maison, pour découvrir la cachette des cadeaux. Lorsque je mettais enfin la main dessus, avec une infinie précaution je décollais les papiers adhésifs des paquets pour voir ce qu'il y avait à l'intérieur !

Mon enquête terminée, je me précipitai comme un V2 dans la chambre de mon frère pour lui faire un compte rendu détaillé de mes trouvailles. Pour ne pas gâcher le plaisir de la surprise, il ne voulait rien savoir. Eh bien, tant pis, il l'apprenait quand même !

Le matin de la naissance du petit Jésus, devant mes parents et mes chaussons garnis, j'arborais un sourire ravi et, tout en déballant mes jouets, je poussais des grands cris de surprise... ou fondais en larmes si ceux de mon frère étaient plus beaux que les miens... 6 ans et déjà chipie !

Depuis j'ai grandi. Et aujourd'hui... c'est pire ! Mais, comme dirait grand-tonton Sigmund, j'ai eu des... circonstances atténuantes. Sous l'influence des contes de Grimm, des dessins animés de Walt Disney et des films de Sissi, mon enfance fut bercée, comme celle de toutes les fillettes de mon âge, par des princes riches et beaux, avec qui j'aurais dû me marier et avoir beaucoup de marmots (et en plus, ça rime). À cause de la chanson « Un jour, mon prince viendra », j'attendais. Je rêvais encore d'un adonis à particule chevauchant un blanc destrier, quand un ersatz de play-boy aux cheveux longs et bouclés, paradant et pétaradant sur une 125 noire, a débarqué. Et... bonjour la déception !

Depuis, et d'un, je ne crois plus ce qui est écrit dans les livres et de deux, j'ai décidé de ne plus me faire avoir ! Juré-craché !

Mais en dépit de toutes les mauvaises résolutions que j'ai dû prendre et de la persévérance malsaine dont j'ai dû faire preuve pour devenir une garce accomplie — sans parler des nombreuses salopetés et autres méchanceries que j'ai pu faire à ceux que j'ai eus à un moment ou à un autre dans le collimateur —, personne ne m'a jamais traitée de garce. D'autres noms souvent, mais de garce jamais !

Preuve qu'être garce n'est pas donné à tout le monde et que la garcitude est un art rare !

Il est vrai qu'aujourd'hui, avec le sens des raccourcis propre à notre façon de vivre, dans le langage courant, on passe directement — selon les instants, les instincts, les milieux et les rencontres — de chiante à salope, de conne à pétasse, de chameau à morue. Au choix. Bref, la garce n'est plus un mot à la mode. Il semble démodé, dépassé, désuet, presque hors jeu. Pourtant, les garces existent toujours, j'en rencontre, et vous aussi, assez pour le savoir !

Tenez : vous voyez cette limande-là, qui dodeline du popotin avec sa jupe « rasduc » en traversant la rue, eh bien, à partir du moment où votre mec a les yeux ébouriffés juste en regardant ses superbes guiboles, il n'y a pas à chercher ; c'en est une ! Et devinez qui se cache derrière cette grande saucisse qui joue les paillassons auprès de votre supérieur hiérarchique dans le seul but de piquer votre place au bureau ? Et la belle Sharon Stone qui n'hésite pas à sortir la bague au doigt de son producteur Bill MacDonald (beurk !) pour lui donner sa main, la reprenant aussitôt de peur de finir manchotte... C'est quoi d'après vous ?

Alors si, d'aventure, vous étiez confrontée à ce genre de petits phénomènes ou si vous en avez assez de subir les situations désagréables qu'elles vous imposent d'une façon directe ou indirecte, au lieu de vous lamenter sur votre sort de bergère humiliée, de dire à tout le monde que c'est injuste, dégueulasse et patati et patata. Plutôt que de rester sur le quai avec des yeux rouges et bouffis comme les vaches albinos, raccrochez votre wagon en devenant vous aussi... une parfaite garce !

Pour cela, rien de plus simple. Il vous suffit de regarder comment évoluent les journalistes à la télévision — si vous avez l'occasion d'en voir les coulisses, c'est encore plus instructif —, de suivre les carrières de quelques comédiennes et autres mannequins, d'oublier une bonne fois pour toutes le désir de tulle, de feuilleter régulièrement *Vital, 20 Ans* et *Cosmo,* sans oublier bien sûr cet ingénieux petit manuel et ensuite... de faire de même !

Si passer de la théorie à la pratique vous semble délicat et vous pose quelques problèmes d'adaptation, sachez qu'avant de vous lancer à corps perdu dans la garcitude, rien ne vous empêche de vous offrir quelques leçons d'initiation. Avant d'attaquer le gros gibier, les chasseurs commencent toujours par tirer quelques pigeons...

Et puis dites-vous bien que tout s'apprend. À fréquenter les palaces avec l'air d'y avoir toujours vécu, à monter avec un air blasé dans un cabriolet Facel Vega, à rentrer négligemment chez Christian Lacroix alors que vous venez de sortir de votre studio de Belleville... *tout s'apprend !* On n'est pas des nanas pour rien quand même !

Quant à celles qui sont encore habitées par des remords persistants et autres résipiscences, qu'elles forcent un peu leur nature en se disant qu'après tout, il n'y a que le premier pas qui coûte... Même les nains ont commencé petits !

Ah, c'est le nom qui vous dérange ! Être traitée de garce, c'est mieux qu'être qualifiée de morue, non ? Personnellement, je préfère. C'est moins commun, moins popu. Et puis, par expérience, j'aurais tendance à prendre pour un compliment ce que certaines considèrent comme une insulte. Si l'on vous traite de la sorte, cela sous-entend que vous avez eu, à un moment donné, assez d'imagination ou de présence d'esprit pour appliquer la « loi du pantalon ». Ce qui, somme toute, est assez flatteur, non ? Comme quoi, je ne le dirai jamais assez : il vaut mieux se regarder dans un miroir plutôt que dans le regard des autres !

Quant aux femmes qui ont toujours été garces, par naissance, par jeu ou par fécondation, bienvenues au Club ! Solidarité féminine oblige, elles vengent un peu celles qui ne le seront jamais, les adeptes du « j'ai l'habitude » ou pire, les abonnées du « gardez la monnaie »...

Là où ça se complique, c'est que le mot est, bien souvent, plus utilisé par les filles pour qualifier une rivale que par les mecs eux-mêmes. I-nad-mis-si-ble ! Un rien de sagacité, s'il vous plaît, mes sœurs ! Si on a le droit, le devoir même, d'être garce pour se venger d'un homme, on ne devrait pas user de ce privilège envers une congénère ! Ou alors... uniquement pour se venger d'une pétasse. Mais nous aurons l'occasion d'évoquer longuement ce cas de figure lors d'un prochain chapitre. Cela dit, pour celles qui piaffent déjà d'impatience à l'idée de concocter une vraie fourberie, vous pouvez toujours vous rendre directement au chapitre 7.

En tant que femme, j'admire les garces. Les vraies. Mais de loin. Tant qu'elles ne convoitent pas le même « nonosse » que moi, je leur trouve toutes les qualités du monde. De près, elles auraient plutôt tendance à m'agacer. Du genre écolo, je déteste qu'on vienne marcher sur mes plates-bandes. Et puis, abandonner son os comme ça, au beau milieu d'un parterre de bégonias juste parce que quelqu'un d'autre essaie de s'en emparer alors qu'on n'a pas encore fini de le ronger, cela ne se fait pas ! M'enfin les filles, où avez-vous été éduquées ?

En tant que journaliste — c'est un peu prétentieux, mais tellement plus court que d'écrire : parce que grandie dans un champ de poèmes où je passais mon temps à cueillir des bouquets de rimes plutôt que de jouer au docteur, au papa ou à la poupée —, je suis sensible au mot. Garce c'est court, percutant, plein de vie, d'insolence, de contradiction. À la fois péjoratif et flatteur, c'est un mot à la définition adaptable selon les époques, les modes, nos propres variations saisonnières, le mec avec lequel on se couche et le pied avec lequel on se lève...

Bien que le terme ait été abusivement détourné par une utilisation trop facile au profil d'un type de femme que le désir attire mais que la morale réprouve, il reste malgré tout un mot-privilège, offrant à celles ainsi nommées ce petit « plus » qui les rend si dangereusement désirables. Sans compter que l'expression sous-entend un idéal de vie et une philosophie à laquelle un individu jouissant d'une carte de presse se doit de rendre hommage. Celle de la liberté de parole et d'action.

C'est tout ? Ah non ! ce serait un peu court quand même ! Mais comme je n'ai pas fait de nœud à mon mouchoir, j'allais oublier un élément essentiel : la conductrice. Très important, la conductrice. Parce que si, d'aventure, vous êtes comme moi d'un calme olympien au volant de votre pédalo, vous n'êtes pas sans savoir combien il est primordial de posséder une vaste littérature de jurons, étoffée, cela va de soi, de quelques mots non vulgaires mais bien sentis dont garce fait évidemment partie. Alors qu'un terme aussi pénétré de sens soit en train de tomber en désuétude, non ça vraiment, cela m'est insupportable !

Sans compter que si on laisse les choses en l'état, ce sympathique nom féminin qui se décline aussi en adjectif risque de sortir de l'usage courant pour finir dans la rubrique un peu poussiéreuse des « vieux » ou des « vieillis » au même titre que gourgandine ou émoustilleuse. Ce qui, vous en conviendrez, messieurs les académiciens et autres protecteurs de la langue française, serait dommage, non ?

Étymologiquement parlant, jusqu'au XVIe siècle, la garce était le féminin de gars. Tout simplement. Mais si un gars a toujours été un bon ou un gentil gars, personne ne sait en revanche par quelle flèche de Cupidon détournée la garce devint vite synonyme de fille de mauvaise vie. Puis comme cette femme peu fréquentable fut terriblement fréquentée, elle eut un héritier. Et le fils de garce devint une injure populaire ! Dans les années trente, époque où la femme s'émancipe et fait tout pour que cela se sache, la garce devient reconnaissable. Elle adopte un *look*. Cheveux coupés en carré court, maquillage forcé sur les lèvres, main gantée s'étirant jusqu'au fume-cigarette, la garce est associée à l'image de la *flapper*, la garçonne, version Louise Brooks.

De nos jours, les références et les images étant multiples, la perception de la garce est désespérément floue. Mot fourre-tout, la garce est faussement assimilée à une allumeuse, à une vamp, à une salope, à une pute et souvent même à tout à la fois ! Une cumuleuse en quelque sorte.

Les hommes n'ayant jamais eu à souffrir des intrigues de ces redoutables petites pestes la définissent comme une salope qui fait rire, ceux qui ont déjà cotisé la considèrent comme une salope tout court — soulignez au passage la pauvreté de vocabulaire de nos malabars ; seuls les misogynes s'accordent sur la terminologie. Pour eux, c'est encore plus simple : autant de femmes, autant de garces !

Sans réelle définition, puisque soumis à des interprétations le plus souvent expérimentales, il apparaît donc difficile d'établir le portrait-robot de la parfaite garce. On se pose beaucoup de questions à son sujet : a-t-elle un physique particulier, est-elle méchante ou rancunière, espiègle ou calculatrice, intelligente ou instinctive, où sévit-elle, opère-t-elle seule ou a-t-elle besoin de complices ?

Avant de répondre à toutes ces interrogations essentielles pour saisir la psychologie du personnage, une chose est sûre : cette galopine ne laisse personne indifférent ! On la déteste ou on l'adore. On la comprend ou on la condamne. Sans mesure.

Devenu un qualificatif plutôt péjoratif, il faut pourtant la comparer à ce qu'elle n'est pas. Soyons claires : la garce n'est ni une allumeuse, ni une salope, ni une pute, ni une vamp.

L'allumeuse cherche à affirmer sa suprématie dans le domaine du désir en maîtrisant des situations, qu'elle a plus ou moins habilement provoquées. Elle ne joue pas avec la séduction, elle la dompte, la neutralise, l'étouffe, l'asphyxie, ne l'utilise que pour lui emprunter ses outils primaires ou périphériques. Avec elle, rien n'est laissé au hasard. Tout est programmé d'avance. Son but inavoué est de ravir la puissance de l'autre. Ce qui la passionne, c'est la stratégie de la conquête, pas la conquête elle-même. Elle s'arrête avant. Pour elle, l'homme est un jouet. Tant qu'il est exposé derrière la vitrine, elle va tout faire pour l'obtenir, mais une fois qu'elle aura pu se l'offrir, cela ne l'intéresse plus. À l'inverse de la séductrice, les seuls moyens que l'allumeuse est capable de mettre en œuvre pour arriver à ses fins sont des artifices physiques et vestimentaires. Elle donne à voir. Généreusement certes, mais ne va pas au-delà. En usant d'un raccourci imagé, on peut comparer l'allumeuse à un bon restaurant dans lequel, après avoir passé la commande le plus agréablement du monde, le client attend, la faim aiguisée par quelques amuse-bouche, un plat de résistance qui, bien évidemment, ne viendra pas. Après quelques instants de vaines espérances et de nombreux signes d'agacement, la lassitude aidant, il ne lui reste plus qu'à quitter la table, aussi appétissante soit-elle. Il est tout à fait probable que, si vous le suivez des yeux à ce moment-là, pour ne pas rentrer chez lui l'estomac vide, cet affamé transi fera un tour au MacDo le plus proche, histoire d'assouvir son appétit insatisfait !

En ce qui concerne la salope, c'est bien sûr l'inverse qui va se produire. Le plat de résistance est au menu, ce qui évite, d'une part, toute attente inutile et offre, d'autre part, la possibilité de se resservir copieusement. Avec elle, c'est buffet à volonté ! Plus sérieusement, la salope est un Don Juan féminin. Érigé en mythe dans sa version masculine, il se transforme en une honteuse perversion dès qu'il s'applique au sexe faible (qui ne l'est pas tant que ça d'ailleurs). Butinant partout où il y a du miel, afin d'assouvir sa gourmandise et d'accumuler des souvenirs, elle possède une personnalité hystérique au sens littéral du terme (du grec utérus). Ce que recherche cette boulimique c'est affirmer son pouvoir par l'intermédiaire de son... postérieur ! Son truc, c'est jouir, pas jouer. À l'inverse de la garce, Marie-couche-toi-là ne possède pas de stratégie, car elle ne fonctionne pas sur la séduction mais sur la sexualité. Son domaine d'action lui est imposé par le hasard, ce qui n'est pas le cas pour la garce. La salope, c'est la perversion de la garce.

Loin d'être une pute, la garce n'est pas à vendre. Ni à louer. Mais plutôt à louanger. Ayant une haute opinion d'elle-même, elle n'entre pas dans le schéma passif et réducteur du « c'est combien ? ».

Mata Hari, Marlène Dietrich, Rita Hayworth, Ava Gardner, Marilyn. Des vamps. La vamp est, par définition, un objet. De luxe certes, mais à qui l'on a concédé, à l'inverse d'une voiture ou d'un magnétoscope, une certaine autonomie. C'est au cinéma que l'on doit l'origine de ce mot. En 1915, Theda Bara (1890-1965), une plantureuse actrice aux yeux de braise complètement oubliée de nos jours, incarna une Saharienne douée de pouvoirs occultes qui ruina la santé d'un explorateur dans le film intitulé *A Fool There Was* de Franck Powell, adapté d'une nouvelle de Rudyard Kipling, « Les Vampires ».

En totale soumission avec le système qui l'a créée, la vamp ne peut exister que grâce aux signes et aux symboles qui la font reconnaître comme telle. Certaine de son pouvoir, cette croqueuse d'hommes en use et en abuse, non pas par jeu mais par caprice. Par intérêt. Épanouie de corps mais étisique d'esprit (sa beauté ne va pas au-delà de la peau), elle est facilement reconnaissable à sa garde-robe. Opoponax de circonstance, la nuit en robe noire moulante, le jour en tailleur sexy, la vamp s'exhibe en vison et vrais bijoux — de plusieurs carats de préférence. Si elle fredonne une chanson, c'est à coup sûr « *Diamonds are a girl's best friend* » ! Vitrine de la réussite sociale des hommes, cette femme-fantasme est achetable. Et à jeter. Elle n'a qu'un talent, celui de se faire entretenir et fréquente généralement plus souvent son esthéticienne que son libraire... En aucun cas, la vamp ne peut être une garce. Elle n'est pas taillée pour.

Mais alors qu'est-ce qu'une garce ? *Who's that girl ?*

Traduisant sa féminité en indépendance, une garce est une joueuse. Sa cour de récré ? la séduction bien sûr !

Des talons aux aiguilles, c'est la femme de l'exigence, pas celle de l'hérésie. Muse du vertige, du désordre des sens et de l'aléatoire, sans chercher à être minoritaire parmi la minorité, cette petite bête s'offre le luxe de vivre sur les accords majeurs de « je t'aime, moi non plus ». Polymorphe, on la rencontre aussi sous les traits d'une femme qui, par réaction, va chercher à se venger de quelqu'un qu'elle aime encore mais qui lui échappe. Ou qui ne l'aime déjà plus. Il existe donc deux sortes de garces : les garces de naissance (ou de fécondation) et les garces de situation.

D'une façon générale, dans les rapports de séduction, l'homme erre dans le désir pendant que la femme s'installe dans l'amour. D'où interférences. Une garce est une femme libérée qui fonctionne sur des principes masculins tout en utilisant des armes très féminines.

Lorsqu'une femme se donne, c'est dans un total oubli de soi. Face à ce don, l'homme est souvent désorienté, car lui s'oublie rarement. Avec la garce, c'est du pareil qui m'aime ! Ce qui en fait ce petit monstre séduisant non dénué de tempérament et à la vertu ludique et capricieuse que nous devrions tous admirer.

À l'inverse de la vamp, la garce ne tient son pouvoir que d'elle-même. Troublante, elle est capable de défier son propre désir tout en sachant qu'une partie n'est intéressante que lorsque l'on tape dans la même catégorie. Comme à la boxe. Sur le ring. Pour cela, il lui faut trouver des adversaires de taille, des hommes auxquels elle pourra se mesurer. D'instinct, mademoiselle « j'agace-j'embête » sait qu'il n'y a aucun intérêt à défier des partenaires qui n'ont pas autant d'esprit, de finesse et de répondant qu'elle. Elle veut du sport, du vrai. Mais pour renouveler son plaisir, donc poursuivre son désir, elle joue une partie sans règle pouvant aller jusqu'à la perfidie. Redoutable emmerdeuse ! Pour cette chipie, tout est séductible. À ce rite social aussi ludique que sensuel, on gagne, on bluffe, on triche, on perd (dans la limite du raisonnable bien entendu, dans le cas contraire, j'engage vivement les « loseuses » à délaisser les voluptés de ce genre d'activité pour celles plus conformes à leurs capacités du crochet), on utilise ses atouts — au bon moment — et l'on est passé virtuose dans l'art d'écouler toutes ses mauvaises cartes (d'où l'importance de la triche). En clair, c'est une nana un peu libérée qui a horreur de déraper dans le sirop, du genre « moi, j'épluche les oignons et toi tu pleures » plutôt qu'« aimer c'est regarder ensemble dans la même direction »...

Avec elle, même si les désirs s'enflamment, l'électrocardiogramme reste plat. Une garce se livre, mais ne se donne pas.

Voilà, voilà, bousculez pas, j'y arrive... Côté fesse, la garce est une sorte de Don Juan en jupon. L'indécente de lit n'est pas une débauchée, mais une libertine. Les débauchés sont des gens d'importance nulle, ils ne remettent rien en question, pas même leurs voluptés. Les libertins en revanche, maîtres de leur choix, sont dangereux pour la société. Parce qu'ils sont des êtres d'excès, d'orgueil et d'exception, des esprits libres, forts et subversifs, ils s'affranchissent des morales et des institutions, opposant aux lois sociales, collectives, imposées, les lois naturelles et individuelles. Fervents adeptes de la philosophie du TMTT (Tire-Moi, Tire-Toi), l'obsession du libertin n'est pas le sexe mais le plaisir.

Pour la garce, l'amour est un acte à la fois sensuel, esthétique, expérimental, un espace d'aventure, d'échange, de transgression, de détournement, de mise en scène. De défi. En aucun cas, ses voluptés n'annihilent son besoin de flirter avec des codes de jeu, car elle cherche à séduire, pas à aimer, et ne souhaite pas qu'on l'aime mais qu'on tombe sous le charme. Sa tactique consiste à laisser croire à son gruyère favori qu'il est le sujet de son désir sans se laisser prendre elle-même à ce sortilège. Ce genre de souris choisit toute seule sa meule de comté et c'est très consciencieusement qu'elle va la grignoter. Pas du genre à garder le meilleur pour la fin, elle va plus ou moins directement (tout dépend de la qualité de l'emmental) au cœur du fromage, pile-poil à l'endroit où la saveur est la plus subtile. Cela dit, avec elle, c'est fromage *et* dessert. Et quoi qu'en disent les amateurs de Tartare, les alpinistes de rideaux et autres gros consommateurs de Durex, c'est toujours elle qui décide quand, où, comment et pourquoi.

Si toutes les femmes sont naturellement douées pour le mensonge, chez ces galopines, cette disposition spontanée se transforme en œuvre d'art. Dès qu'une garce s'empare de la parole, c'est pour mentir. Elle triche avec habileté, désinvolture, finesse, effronterie, par action ou omission, projection ou protection. Bluffeuse, elle ment à la fois pour que le jeu perdure et pour que les règles demeurent secrètes, illisibles. Face à cette arracheuse de dent, même les plus grands séducteurs se promènent de menteuses en menteuses, sans s'en rendre compte. Loin d'être une mythomane irrationnelle, elle déguise la vérité par défi, rébellion, goût du déséquilibre. Pour entretenir le mythe, le vertige, l'apparence, pour rien, juste pour rendre la réalité supportable, esthétique, colorée, conforme à sa sensualité. Histoire de vous conforter dans l'idée que vous êtes plus beau et plus intelligent que vous ne le pensiez ! (Tant que durera votre liaison avec elle, évitez toutefois les cabines d'essayages et les réu-débats.) Excellente comédienne, ses artifices de langage et ses attitudes vous donneront l'illusion de mener le bal. Mais attention, même si elle vous fait des déclarations passionnées, débordantes d'amour et de fidélité, n'oubliez jamais qu'elle joue. Sa liberté est ailleurs.

Contrairement à l'allumeuse, la garce n'a pas à donner à voir, elle est. Sans être forcément extravertie, cette polissonne possède l'art de transformer l'ordre banal de la vie quotidienne en scénario de film d'aventure. Avec elle, tarte au kitsch et ragoût de naphtaline ne sont pas au menu du jour !

Pleine de surprise, elle ne fait jamais ce qu'on attend d'elle, de là vient son insupportable charme. Vous l'invitez à dîner en tête en tête, elle arrive accompagnée ; vous lui donnez un rendez-vous galant, elle vous pose un lapin ; elle vous promet ses faveurs le jour où elle a ses règles... Une garce se permet tout, s'autorise encore plus. Mais si de votre côté, vous faites la plus petite erreur ou le moindre faux pas, elle vous le fera payer au prix fort. Les garces sont comme les restaurants à la mode, qui considèrent que dîner à leur table est un honneur et qu'il faut la mériter même si la note est épicée.

Un des atouts de la garce reste son mystère. Sans être trouble, elle se veut ambiguë. Équivoque. Elle est femme, toute séduction et corruption confondues. Capable de changer un prince charmant en crapaud, de mettre un milliardaire sur la paille ou de convertir le directeur général d'EDF à l'énergie solaire. Aucun mâle ne résiste à ses grandes manœuvres, car sa vocation anthropologique, c'est les mecs, son milieu naturel, c'est les mecs, son avenir, sa caisse d'épargne, encore et toujours les mecs !

Du jour J à l'heure H, de la spontanéité à l'expérience, du bouquet de fleurs à la villa sur la Côte, pour une garce, un homme n'est ni trop jeune ni trop vieux, il n'a que l'âge de ses cadeaux. Faire acheter par son mari et son amant le même bijou pour en revendre un, afin que ni l'un ni l'autre ne s'en aperçoivent, ouvrir ses boîtes de conserve en déshabillé Dior, avoir un amant pour le sexe, un autre pour l'argent, prêcher le faux pour savoir le vrai, sont des comportements « classiques » de toute garce qui se respecte.

Très habile, elle tisse sa toile lentement, à la manière d'une araignée besogneuse et c'est bien évidemment lorsqu'on s'y attend le moins qu'elle pique. Il faut savoir qu'avec une garce, les griffes ne sont jamais loin. Mais tout est une question de savoir-vivre, n'est-ce pas ?

Pour être efficace, il faut être cruelle. Atteindre la cible demande de bien savoir viser. Mais pas seulement. Tout le secret est de trouver le talon d'Achille afin de frapper là où ça fait mal !

Désirable parce que rebelle, et calculatrice en plus ? Oui, et alors ?

Version mutante des garces génétiques, celles par fécondation. Parce qu'elles n'ont pas eu à puiser dans leur patrimoine naturel, bien des garces s'ignorent. Faisant tout bien comme y faut, l'amour, les courses, les ourlets, les bébés et les encornets farcis, elles ont conscience que quelque chose existe virtuellement dans leurs affects, mais autour de leur personnalité, le ménage a été si bien fait (blocages, verrouillages imposés par la famille, l'éducation, l'environnement) qu'elles ne comprennent pas ce qui les démange. Mais un jour, à la faveur du petit-dernier-qui-a-traversé-la-rue-sans-regarder, la « garce qui s'ignore » rencontre le chippendale du camping des Romarins, et c'est *la révélation*. Parce qu'il va la séduire, cette terreur des parasols pense être le meneur de jeu. « Je suis le vilain petit canard, tu n'es qu'une oie blanche. Je consens à faire ton apprentissage, à te servir de professeur, mais pendant que tu révises, moi, je vais en stage de perfectionnement... » Nanananère... Genre un pour toi et tout pour moi !

Mais notre Daffy Duck ignore qu'au jeu du désir, les dés sont pipés. Peu à peu, notre petit embryon de garce va se trouver face à quelque chose dont elle ne soupçonnait ni l'existence ni l'intensité et dont elle apprend spontanément à se servir. Et, alors que rien ne le laissait supposer, BOUM ! notre héros aux petits bras assiste, à ses dépens, au mieux à un détournement, au pire à un cataclysme. Subjugé par ce qu'il pensait être son objet, notre Apollon du Belvédère se retrouve instrument alors qu'il croyait être manipulateur. Rouge, impair, noir et manque. Rien ne va plus ! L'élève a dépassé le maître. Sans en avoir conscience, la petite bête a provoqué quelque chose d'irréversible. Un peu comme l'alpiniste qui déclenche une avalanche en posant le pied à un endroit *a priori* sans danger et reçoit des tonnes de neige sur la truffe en constatant, impuissant, que la physionomie de la montagne s'est transformée sans lui demander son avis... Pour plus d'informations, relire *My Fair Lady* de Bernard Shaw.

Parfois, il arrive qu'une oie blanche rencontre un chasseur-expert. Futé, il pige tout de suite que derrière cette appétissante volaille se cache une femelle. Évitant de la consommer sur-le-champ en en-cas ou en plat de résistance, il préfère l'éduquer, non pas pour la reproduction de l'espèce mais pour son amélioration. Lui offrant ainsi l'occasion de se révéler, de trouver les points d'application de sa garcitude et les moyens de l'exprimer. Grâce à sa bonne connaissance du terrain, il va la guider ensuite vers des marécages sur lesquels elle ne se serait pas aventurée seule. Par pur plaisir, notre ornithologue va l'initier à la découverte de son biotope, lui enseigner à reconnaître d'un coup d'œil un berger d'un chasseur, un cochon d'un veau, une souris d'une vipère, le blé de l'oseille et enfin lui apprendre les rudiments du jeu de l'oie. À éviter les pièges et à se méfier des compliments à la graisse d'oie... Et dès qu'il la sent capable de retrouver la route de la mare toute seule, il s'éloigne, sans faire de bruit, pour aller recommencer son boulot de Pygmalion, ailleurs...

En dehors de ces modèles déposés, il existe d'autres espèces de garce. Parfaitement fréquentables, ce sont les garces de situation. Celles qui évoluent « en dedans » contrairement aux autres qui savent toujours rester « à distance ». Ce spécimen-là (les plus nombreuses) n'agit jamais pour rien, elle aime. Si elle se venge, c'est de l'injustice, de la lâcheté, des mensonges, des impostures, par jalousie donc par amour. Une garce est aussi une femme qui prend sa revanche, faisant volontairement du mal à quelqu'un, pour tirer la sonnette d'alarme ou pour éviter qu'au moment du bilan, la rubrique « passif » soit en déséquilibre par rapport à l' « actif ». Mais dans les deux cas, le fond du sac est toujours le même : lorsqu'une garce se venge, c'est *par amour !*

En résumé, ou si vous avez raté le début : pour un homme, une garce est un anticyclone et une dépression réunis, pour une femme, une calamité ambulante, et pour un chien, une adorable maîtresse.

Être garce, c'est être tout, sauf tiède.

2.
Nos ancêtres les garces

— Dans la famille Garce, je voudrais la mère, la grand-mère et... l'arrière-grand-mère !

— J'ai !

Comme tout le monde ici-bas, les garces ont un arbre généalogique. Chargé. Genre roseau qui plie mais ne casse pas ou conifère qui ne perd pas ses feuilles même au plus dur de l'hiver, voyez. Source d'inspiration inépuisable, nos mamies avaient déjà des arguments de choc. Alors telle mère, telle fille ? *Flash-back*.

Mon conseil : Investissez dans des biographies !

Les dames sont d'ordinaire les premières causes des plus grands renversements des États, et les guerres qui ruinent les Royaumes et les Empires ne procèdent presque jamais que des effets que produisent ou leur beauté ou leur malice...

Mme de MOTTEVILLE

Les garces existent depuis toujours. Le savoir est plutôt rassurant. Parmi les millions (n'ayons pas peur du chiffre) que notre planète a dû porter, certaines sont restées célèbres dans l'Histoire.

Déjà dans l'Ancien Testament, on trouve quelques beaux échantillons, c'est dire à quel point le phénomène est récent !

Et si on remontait jusqu'à... Ève ? Qui mieux que la première femme est capable d'honorer le titre de chef de garce ? Rappelez-vous. Alors que Dieu avait interdit de goûter au fruit défendu dans le jardin d'Éden, elle y croqua à pleines dents avant de refiler le trognon à Adam. Et ce pauv'p'tit bonhomme qui n'était coupable de rien fut, par sa faute, chassé du Paradis et condamné à bosser *ad vitam aeternam* à la sueur de son front... Adam trouva la punition si dure que la pomme lui est restée en travers de la gorge où on la voit toujours d'ailleurs ! À méditer !

Dans les deux cosmogonies occidentales, la Genèse et la mythologie grecque, l'arrivée du mal sur la Terre est causée par... des femmes ! En accord avec le vieux fond misogyne de la pensée hellène, la mythologie grecque ressemble à une succursale de garces, Artémis, Aphrodite, Circé, avec un joli spécimen en la personne de Pandora.

Après que Prométhée eut ravi le feu à Zeus, non pas pour éclairer sa grotte mais pour accéder à la connaissance, comme châtiment à la désobéissance divine, Zeus remit à Pandora une jarre dans laquelle se trouvaient séquestrés tous les maux de l'humanité. Curieuse comme un pot de chambre, la première épouse d'Épiméthée l'ouvrit et... tous les emmerdements s'en échappèrent avant de se répandre sur le monde. Lorsque Pandora regarda s'il restait quelque chose à l'intérieur, elle trouva l'Espoir blotti dans un coin, refusant de mettre le nez dehors... Symbole de la curiosité qui cause le malheur humain, en transgressant l'interdit, les deux premières femmes ont condamné les hommes l'une au travail, l'autre aux emmerdes. Pas étonnant après ça que les mecs nous en veuillent !

Au fur et à mesure que les sociétés primitives se sont organisées, des gens de pouvoir sont apparus. Pour s'en approcher, le partager ou, mieux, en profiter, les garces s'épanouirent et firent des émules. On ne compte plus les reines, les courtisanes, les danseuses, les comédiennes, les grisettes, les lorettes et toutes les femmes entretenues et non répertoriées qui ont alimenté les potins, les scandales et autres pamphlets satiriques tout au long de l'Histoire. Sans en faire une liste exhaustive, il est néanmoins intéressant d'en connaître quelques-unes. Véritables chefs-d'œuvre du genre, leurs biographies ou les écrits de certains mémorialistes, surtout si vous êtes à court d'idées, vont considérablement élargir votre champ d'action et, qui sait, peut-être influer sur votre destinée...

Sans être de mauvaise foi, ou alors juste un petit peu, on peut se laisser séduire par l'idée que ce sont les hommes qui ont entraîné les femmes vers la garcitude en ne leur laissant pas d'autre choix pour exprimer leurs différences.

Pour ne pas être la victime d'une société où elle n'a jamais eu sa place en tant que personne, la femme a eu recours à la garcitude. Ce n'est donc pas une perversion mais un réflexe d'autodéfense. En effet, les garces n'ont existé que par réaction dans des sociétés d'ordre et de tutelle qui exigent des femmes soumission et asservissement. Pour sortir de l'esclavagisme de la virilité, les plus futées ont compris qu'il leur fallait être les inspiratrices invisibles des acteurs masculins afin de ne pas faire mentir le vieil adage « lorsque les hommes sont au pouvoir, ce sont les femmes qui gouvernent » et employer les seuls moyens accessibles aux minorités : la ruse et la duplicité.

On ignore toujours quelle est la première femme qui a compris que le talon d'Achille des mecs se situait entre leurs deux gros orteils, mais depuis qu'on le sait, cela nous facilite grandement la tâche !

Dans les périodes déliquescentes, l'homme est faible, mou, sans consistance, les femmes le sentent et en profitent pour prendre le pouvoir. Déjà, dans l'Ancien Testament, les garces abusent de la faiblesse des hommes. Lâches, orgueilleux et généralement pas très « fut-fut », ils sont menés par les femmes là où elles veulent aller, c'est-à-dire tout-droit-à-la-catastrophe !

Exemple Samson. Du genre « regarde-mes-biscottos-je-suis-autour », ce zéro pour cent de matière grise tombe amoureux de Dalila (à ne pas confondre avec la chanteuse) qu'il rencontre dans la vallée de Sorek. Pour en venir à bout, les princes philistins suggèrent à la vénale, moyennant finance, de flatter l'aïeul de Schwarzy afin de connaître le secret de sa force. Mais malgré plusieurs interrogatoires d'oreiller, Samson ne crachait toujours pas le morceau. Histoire de faire marcher Dalila, il lui fit le coup avec des cordes fraîches puis avec des cordes neuves, enfin avec ses tresses. Chaque fois qu'elle lui attachait les poignets selon les moyens qu'il lui avait précédemment indiqués (rassurez-vous, c'est la seule relation S.M de la Bible), l'armoire à glace arrivait à se libérer. Agacé des prises de tête quotidiennes de sa bien-aimée, le benêt finit par confier à sa belle qu'il n'était jamais allé chez le coiffeur et que sa force se logeait, comme ses poux, dans sa chevelure. Profitant d'un roupillon post-coïtum, Dalila lui fit raser ses sept tresses. Les Philistins s'emparèrent alors de Samson et, après lui avoir crevé les mirettes, le firent descendre à Gaza où il fut enchaîné et condamné à perpette à tourner une meule... Merci ki ?

Quant à Jézabel, elle périt défenestrée avant que sa carcasse ne serve de casse-croûte à des chiens affamés. Mais... pourquoi tant de haine ?

Achab, roi de Samarie, reluquait la vigne de Naboth qui jouxtait son palais avec l'idée de la transformer en jardin potager. Naboth, un rien sentimental, ne désirait pas vendre un lopin de terre hérité de ses ancêtres. Pour éviter que son mari ne se transforme en serpillière, Jézabel lui promit de récupérer le vignoble convoité. Sous le sceau d'Achab, elle écrivit aux anciens de la ville en leur donnant l'ordre de proclamer un jeûne puis de placer Naboth à la tête du peuple sans oublier de mettre face à lui deux affreux jojos prêt à témoigner que, par ses actions, Naboth a maudit Dieu et le roi ! Terminant sa missive par une recette qui avait déjà fait ses preuves : « Mettez-le dehors, puis lapidez-le jusqu'à ce que mort s'ensuive. » Les grands de la ville obéirent en pensant qu'il s'agissait d'un ordre royal. Une fois Naboth éliminé, Jézabel proposa à Achab d'aller récupérer la vigne, gratos... Heureusement, l'Éternel vint mettre le holà à toute cette magouille en faisant zigouiller les méchants !

Dans le Nouveau Testament, c'est également à une garce que l'on doit la mort de Jean-Baptiste.

Parce que Hérode avait épousé la femme de son frère et que le barboteur du Jourdain eut la maladresse de lui dire des trucs qui fâchent sur la chose, il se retrouva en prison. Depuis ce jour, Hérodiade nourrissait une haine contre lui au point de vouloir sa mort. Mais éliminer un saint surtout lorsque son mari le protège et l'apprécie, pas fastoche. Le secret : attendre le bon moment. Voilà pas que pour son anniversaire, Hérode invite tous les V.I.P. de Galilée à dîner. En guise de spectacle, la fille d'Hérodiade se met à danser, ensorcelant son oncle-beau-père par ses yeux de braise et ses mouvements de nombril. Pour la remercier, le roi est prêt à exaucer son désir le plus cher. Comme elle a tout, Salomé demande à sa mère ce qu'elle pourrait bien se faire offrir. L'autre : Et si tu demandais la tête de Jean-Baptiste ?

Aussitôt dit, aussitôt fait ! Ne voulant pas perdre la face devant ses invités, Hérode fut contraint de raccourcir Jean-Ba d'une tête ! Moralité : la vengeance, comme la tête, est un plat qui se mange froid !

Dernière reine d'Égypte, Cléopâtre (Alexandrie 69 — *idem* 30 av. J.-C.) réussit grâce à sa beauté légendaire à mener les deux plus grands esprits militaires de leur temps, Jules César et Marc Antoine, par le bout du nez ! À croire qu'une femme est plus efficace que toutes les armées réunies ; c'est sous son règne que l'Empire égyptien fut le plus étendu. Séduisant César qui l'installe sur le trône d'Égypte, la gourmande se fera ensuite offrir par Antoine l'île de Chypre, la Phénicie, la Basse-Syrie, un gros morceau de la Cilicie, une tranche de la Palestine et un loukoum de la péninsule arabique sans parler de la bibliothèque de Pergame avec ses deux cent mille volumes en compensation des six cent mille livres disparus dans l'incendie d'Alexandrie ! D'une simplicité déconcertante, Cléopâtre envoyait ses lettres d'amour sur des tablettes de cristal et pour se déplacer utilisait un navire dont la proue était d'or, les rames d'argent et les voiles de pourpre. Pour elle, Antoine répudia Octavie et en pleine bataille d'Actium abandonna sa flotte, ses dix-neuf légions et ses douze mille cavaliers pour aller lui conter fleurette.

Histoire de passer le temps, le général s'adonnait à la pêche. Un jour, il rentra bredouille. Pour ne pas perdre la face vis-à-vis de sa maîtresse royale, le lendemain il donna l'ordre à ses plongeurs d'accrocher des poissons à chacun de ses lancers de ligne. Le manège n'échappa pas à l'Égyptienne qui félicita nez-en-moins son amant avec beaucoup d'admiration. Pour fêter cette pêche miraculeuse, Cléo invita toute la cour à taquiner l'ovipare. Cette fois sur ordre de la reine, lorsque Antoine jeta sa canne, des plongeurs allèrent y ferrer un énorme poisson salé importé de la mer Noire... En remontant sa prise, le militaire romain éclata de rire. Profitant de l'hilarité générale, la belle au long nez lui expédia un : « Général, laissez-nous la ligne, votre chasse à vous c'est prendre les villes, les royaumes et les rois. » Et toc ! Vous reprendrez bien un peu de morue, Toitoine ?

Dans la série coup de bluff, Cléopâtre avait parié avec son amant de dépenser dix millions de sesterces en un repas. Pari tenu. Elle fit fondre une perle de cette valeur dans du vinaigre et but le breuvage insolite.

La défaite d'Actium ayant mit fin à sa puissance, l'Égyptienne envisagea de se suicider. En quête d'un poison susceptible de la tuer rapidement et sans douleur, elle « encourageait » les prisonniers condamnés à tester les différents produits toxiques disponibles sur le marché. Après avoir fait le tour de la question — et assisté aux souffrances de plusieurs cobayes —, elle conclut que seul le venin de l'aspic offrait le but recherché.

Comme les femmes parlent plus vite qu'elles n'agissent, Cléopâtre était encore en état de marche lorsqu'elle fit annoncer sa mort à Antoine. La croyant déjà en train de se prélasser sur les rives du royaume d'Anubis, pressé de l'y rejoindre, l'impétueux général mit fin à ses jours. Après l'avoir enterré de ses propres mains, elle essaya, sait-on jamais, de séduire Octave avant de présenter son bras à la morsure du serpent. Quid s'y frottum s'y picum !

Julie (39-14 av. J.-C.), fille unique de l'empereur Auguste, fut mariée en secondes noces au consul Marcus Agrippa, l'un des héros de la bataille d'Actium. Aussi jeune et belle que son mari était vieux et moche, Julie accumulait les aventures comme d'autres collectionnent les timbres. Un jour qu'une de ses amies lui faisait remarquer que, malgré ses multiples amants, ses cinq enfants ressemblaient beaucoup à leur père, Julie eut cette réponse déconcertante : « C'est que... je ne prends de passagers que lorsque le navire est chargé. » Sans commentairum !

Sous la dynastie des Mérovingiens, si la justice des hommes est expéditive, celle des femmes l'est encore plus. La mode est au poignard, au poison, à l'égorgement bien plus qu'à la dissuasion. À l'époque franque, lorsque deux garces rivales s'affrontent, la courbe de la mortalité augmente exagérément et laisse à l'Histoire les aventures de Brunehaut et Frédégonde. Cœur sensible s'abstenir !

Fille de serf, Frédégonde est une bombe sexuelle dont la tête chercheuse est programmée par le calcul et l'ambition. Au service de la reine Audovère, épouse de Chilpéric Ier, elle n'a qu'une obsession, évincer la souveraine pour prendre sa place dans le cœur et sur le trône royal. Par tous les moyens.

Alors que le roi est parti étriper quelques Saxons, Audovère accouche d'une côtelette. Le jour du baptême, la marraine pose un lapin. Frédégonde conseille alors à la reine de tenir son propre bébé sur les fonts baptismaux, prétextant qu'aucune des dames présentes n'est digne de cette responsabilité. Naïvement, Audovère accepte. Mais sans le savoir, par cet acte, la reine enfreint la loi divine. Au retour de Chilpéric, Frédégonde lui apprend qu'une fille lui est née et que sa femme n'est autre que la marraine de son enfant. Si les Mérovingiens assassinent, pillent et violent à qui mieux mieux, ils sont à cheval sur les principes ecclésiastiques. Pour avoir commis ce que l'Église considère comme un péché, Chilpéric répudie Audovère. Youpi ! La place est libre pour Frédégonde qui s'installe dans la couche royale. Quinze ans plus tard, en 580, se souvenant de l'ex-reine, la cruelle lui fera dépêcher des émissaires pour l'égorger dans la cellule de son couvent. Et d'une !

Pendant ce temps, dans la ville de Metz, on célèbre en grande pompe le mariage du roi Sigebert d'Austrasie avec Brunehaut, fille du roi des Goths. Pendant la cérémonie, Chilpéric, frère de Sigebert, rumine. Il est jaloux. Lui qui épouse, répudie puis se remarie sans état d'âme, ne convole qu'avec des femmes de basse extraction. De retour sur ses terres, piqué dans son amour-propre, il décide lui aussi de s'offrir une princesse royale : il veut la sœur de Brunehaut, la douce Galswinthe. Pour la conquérir, il s'engage à passer un coup de désinfectant dans sa vie privée. Malgré la réputation de païen et de débauché qui le précède, le père de Galswinthe l'accepte pour gendre. L'épreuve délicate est d'apprendre maintenant à sa maîtresse son futur mariage. Pleine de compréhension, la perfide demande simplement au roi la permission de rester au palais... Le lendemain de la nuit de noces, le roi de Soissons, très amoureux, offre à sa jeune épouse cinq provinces : Bordeaux, Cahors, Limoges, Béarn et Bigorre. Pendant ce temps, la vipère attend dans l'ombre. Passé l'effervescence des premiers mois, Chilpéric recommence la chasse, bâille, s'ennuie, comme par hasard, c'est pile-poil à ce moment-là qu'au détour d'un couloir, il tombe sur... Frédégonde ! Et... c'est reparti pour un tour ! Devant la conduite dépravée de son époux, Galswinthe demande à Chilpéric la permission de retourner sur ses terres. Croyant à une ruse, son mari la fait assassiner. On n'est jamais trop prudent.

Apprenant la mort de sa sœur, Brunehaut exige de son époux qu'il entre en guerre contre son frère. Vous suivez toujours, j'espère ? Chilpéric ne tient pas à se battre. Il tente d'apaiser la colère de sa belle-doche en lui donnant les cités qu'il avait offertes en cadeau à sa sœur. Six ans après, en proie à une crise d'amnésie ou de remords, le roi de Soissons envahit les villes offertes de mauvais cœur. Bataille. Son armée en déroute, la défaite est imminente, mais Frédégonde est là pour rétablir la situation ! Après avoir drogué deux adolescents, elle les envoie tout simplement poignarder Sigebert. Le marché est simple : ils réussissent, elle les comble de cadeaux, ils échouent, par des aumônes elle leur assure d'obtenir le salut de leur âme... Et de deux ! la diabolique vient de faire assassiner son beauf et d'une façon plus accessoire deux jeunes naïfs.

Sniff ! À vingt-huit ans, la belle Brunehaut se retrouve veuve avec trois enfants. Elle est prête à se retirer dans un couvent quand, séquence émotion, son neveu Mérovée (le fils aîné de Chilpéric) tombe amoureux d'elle et l'épouse ! Lorsque la mégère sauvage apprend cette union, elle est folle de rage. Elle déteste cette femme qui pourtant ne lui a rien fait. Sa naissance, sa beauté, ses manières, son intelligence, elle lui jalouse tout ! Y compris d'être de nouveau sur le trône. Histoire de s'éviter un ulcère, elle jure la mort de son beau-fils. Chilpéric, à qui elle a monté la mayonnaise, assassinera son propre fils aîné. Et de trois !

Comme ses bambins meurent les uns après les autres, il lui faut un bouc émissaire. La teigneuse fomente donc un complot, accusant son dernier beau-fils Clovis d'user de sorcellerie pour tenter d'éliminer sa progéniture. Et de quatre ! Pendant ce temps, Brunehaut se la coule douce. Pour sa rivale, cela est insupportable. Elle lui dépêche un de ses amants qui se fait pincer. En grande dame, Brunehaut renvoie l'infortuné à son expéditrice. Pour lui apprendre à bâcler un boulot, Frédégonde lui fera couper les pieds et les mains. Et de cinq ! Par l'intermédiaire de deux clercs déguisés en S.D.F., elle cherche à présent à tuer le fils aîné de Brunehaut. Fiasco. La « nettoyeuse » mijote déjà de nouvelles représailles, lorsque la mort vient la surprendre dans son lit alors qu'elle y dormait toute seule ! Match nul ! Les deux rivales n'ont pu venir à bout l'une de l'autre.

Forte de toutes ces félonies, Brunehaut est devenue une dame de fer. Avec une autorité implacable, elle agrandit ses territoires et au nom de ses petits-fils règne sur la presque totalité de la Gaule. Stratège, pour ne pas assister au démantèlement du royaume par le partage équitable des territoires entre ses enfants, elle fait proclamer roi l'aîné de ses arrière-petits-fils. Une audace que les Austrasiens ne lui pardonneront pas... Visionnaire, donc dangereuse, cette femme dérange au point que tous veulent désormais sa peau. Vaincue en 613, elle périra attachée par la chevelure à la queue d'un cheval en furie qui la traînera au milieu des buissons réduisant son corps en bouillie. Pour ne pas gaspiller, ses « restes » seront ensuite jetés dans un bûcher. Bonjour l'esprit de famille !

Les traités de garcitude ne datent pas d'aujourd'hui. Au Moyen Âge, dans la partie satirique et encyclopédique du *Roman de la Rose* rédigée par Jean de Meung (1275-1280), la Vieille étale déjà les pratiques de l'amour vénal et enseigne aux femmes l'art de plumer le pigeon ! Quant à Trotula, la célèbre sage-femme de Salerne, experte dans la pratique des onguents et dans celui de refaire une virginité, elle connaissait aussi l'art de duper les hommes. Qu'on se le dise !

Lorsqu'elle rencontre Henri IV, Henriette d'Entragues (Orléans 1579-Paris 1633) est une jolie brune de vingt ans. Qualifiée de « pimbêche et rusée femelle » par Rosny, cette peste a toujours une gaillardise à la bouche, ce qui séduit le roi au point qu'il en tombe amoureux. Finement conseillée par sa mère, une ex de Charles IX, Henriette joue l'ingénue devant Son Altesse lui affirmant que seule la lecture de saint Augustin l'intéresse ! Durant l'été 1599, pour attiser les ardeurs royales, la famille change de lieu de séjour dès qu'elle sait le Vert Galant dans les parages. Jouer ainsi au chat et à la souris excite le vieux castor qui se laisse diriger par sa queue. Cette Henriette, il la veut à tout prix... Et le prix pour la virginité de la donzelle s'élève à... 100 000 écus ! Les caisses sont vides, qu'à cela ne tienne, il paie sans marchander ! Mais la poule est loin d'être dans le pot... Poussée par ses parents, Henriette continue de se dérober. Lorsque Henri lui demande quand il pourra enfin se retrouver seul avec elle, Henriette prend des airs de sainte nitouche et prétextant que son père la surveille étroitement demande à son Riri de lui offrir... une terre ! Le roi à l'haleine d'ail lui donnera le marquisat de Verneuil-en-Beauvaisis. Mais cela ne suffit pas ! Comme preuve d'amour, la goulue veut... une promesse de mariage ! À quarante-six ans, ce mec qui n'a rien d'un prince charmant mais qui est roi se laisse mener par la braguette par une limande de vingt ans ! Tenez, juste pour le plaisir de mettre le nez dans une lettre « d'amour » qui ne vous est pas adressée, je vous en offre sa lecture :

« Nous, Henri Quatrième, par la grâce de Dieu, roi de France et de Navarre, promettons et jurons devant Dieu, en foi et parole de roi, à messire François de Balzac, sieur d'Entragues, chevalier de nos ordres, que, nous donnant pour compagnie demoiselle Henriette-Catherine de Balzac, sa fille, au cas que, dans six mois à commencer du premier jour du présent, elle devienne grosse et qu'elle accouche d'un fils, alors et à l'instant, nous la prendrons pour femme et légitime épouse, dont nous solenniserons le mariage publiquement et en face de notre sainte Église selon les solennités enquels cas requises et accoutumées pour plus grande approbation de laquelle présente promesse, nous promettons et jurons comme dessus, de la ratifier et renouveler sous notre seing incontinent après que nous aurons obtenu de notre Saint-Père le pape la dissolution du mariage entre nous et la dame Marguerite de France, avec permission de nous marier où bon nous semblera. En témoin de cas nous avons écrit et signé la présente. Au Bois-Malesherbes, ce jourd'hui 1er octobre 1599. »

L'extravagant contrat sera remis le soir même au père de la diablesse après avoir été préalablement déchiré par Rosny puis recopié par un roi devenu frappadingue. Sexuellement parlant, pas fastoche d'être roi ! On ne fait pas ce que l'on veut de son corps ! Les mariages portefeuille s'inscrivent dans les parchemins au chapitre des raisons d'État. Et sans trop avoir été consulté sur la chose par ses ministres, Henri se retrouve bagué à Marie de Médicis. Lorsqu'il apprend la nouvelle à Henriette, la marquise pour se venger affiche publiquement sa grossesse et, promesse en main, fait du chantage à son amant. Les scènes se multiplient jusqu'à ce qu'Henri lui ordonne de lui remettre ce gage d'amour écrit que les événements ont transformé en épée de Damoclès. C'est toujours non ! Le 2 juin, un orage d'une violence rare éclate sur Paris. De saisissement, Henriette accouche d'un fils... mort-né... Ouf ! À la fin de ses relevailles, lorsque la marquise apprend que la future sauce du Béarnais s'apprête à quitter Florence pour venir le rejoindre, Henriette se pointe à Grenoble où elle fait une scène à son amant avant d'occuper de nouveau la couche d'Henri et toutes ses pensées. De manipulation en chantage sur l'oreiller, Henriette réussit à emménager au Louvre non loin des appartements de la reine, où elle mettra au monde un fils, Gaston-Henri, presque en même temps que la bergère officielle. Ah l'amuuur, quand tu nous tiens !

L'aristocratie du milieu du XVIIe siècle voit croître et se multiplier les garces dans l'action politique. Faute de pouvoir gouverner la France, elles vont la saccager. Épousant la cause de la Fronde (1648-1652), elles en deviendront les héroïnes. Dans une telle période de troubles, il suffit de deux garces intrépides pour propager le désordre et la subversion et mettre à feu et à sang tout un pays. L'une est la duchesse de Chevreuse, l'autre, la duchesse de Longueville. Ces deux ouragans iront jusqu'à partager le même amant (mais pas en même temps), Monsieur de Marcillac plus connu sous le nom de duc de La Rochefoucauld. La Fronde qui fut une révolte et non une révolution révéla leurs capacités de conspiratrices et d'amoureuses hors pair... de France, bien sûr ! Et devinez quelle était la coiffure de ces dames ?... La garcette !

Marie de Rohan-Montbazon (1600-1679) a vingt et un ans lorsque son époux, le duc de Luynes, connétable de France, meurt. Pour éviter les galères, elle se recase avec le duc de Chevreuse, Claude de Lorraine, une pauvre petite chose, sans courage ni ambition mais dont le compte en banque n'est pas sans charme. Surintendante de la Maison de la reine, elle va devenir le mauvais ange d'Anne d'Autriche. Méprisant les scrupules et les devoirs, elle aide le duc de Buckingham à trouver le chemin des dentelles royales. Marie déteste Richelieu auquel son trouillard d'époux fait des courbettes. Elle décide donc d'affronter seule le cardinal. Seule ? Enfin... avec quelques amants. Pour elle, le comte de Chalais met ses bottes dans un complot dont il ne sortira que les pieds devant. Condamnée à l'exil, la belle duchesse traversera la Somme à la nage, chevauchera vers l'Espagne et se déguisera en homme pour regagner la France, profitant de ses haltes pour enflammer les cœurs et les esprits contre Richelieu. Intrigante et conspiratrice, elle dérange le prélat qui ne sait s'il doit l'exiler ou la tolérer. Pour lui, cette femme est une calamité partout où elle se trouve. Une fois le cardinal décédé, elle prend Mazarin pour cible. Et rebelote ! Plusieurs fois écartée de la Cour, elle y revint toujours grâce à ses nouvelles conquêtes. Après la mort de son dernier amant, la mécréante se retira dans un couvent de bénédictines où elle mourut, oubliée de tous... Il faut bien mourir de quelque chose !

Fille de Charlotte de Montmorency — le dernier bon coup d'Henri IV — et sœur du Grand Condé et du prince de Conti, Anne de Longueville (Vincennes 1619-Paris 1679) aurait pu être l'héroïne d'un roman de cape et d'épée. Née en prison (son père a conspiré contre Marie de Médicis et Concini), à seize ans, elle aspire à prendre le voile mais son papa l'oblige à assister à un bal à la Cour. Dès le lendemain, pff ! ses bonnes résolutions sont déjà au panier et c'est avec une tout autre ferveur qu'elle se jette dans le monde. Mariée à un vieux croûton, le duc de Longueville qu'elle n'aimera jamais, elle aiguise ses charmes sur Maurice de Coligny. Puis se pointe le comte de Marcillac. Rival de Louis XIII par le truchement de sa maîtresse, ennemi de Richelieu et amant de la duchesse de Chevreuse, lorsque Anne le rencontre, il rentre à peine d'exil. Beau brun sexuellement agité, capable d'aligner plusieurs phrases à la suite et même de les écrire, le héros inspire à Anne une passion. Devenant la muse de la Fronde, dans son salon, la belle reçoit les conspirateurs, entraîne son mari et son frère Conti dans la révolte, s'allie avec le cardinal de Retz, assiste à la prise de la Bastille. Elle aide ses frères dans leur cause, soutient ouvertement les parlements de Paris et de Normandie contre la Régente et Mazarin, met son nez et surtout son nom partout où il ne faut pas. Convoquée au Palais-Royal par la reine, Anne s'enfuit au pays du calva. Pour capturer la rebelle, Mazarin n'envoie pas moins de sept cents hommes à ses trousses (le pied !) mais elle réussit à s'échapper par la mer et à se réfugier dans un presbytère, avant de rejoindre la frontière belge où des aristocrates l'attendent. Cafeteur, le cardinal de Retz, qui a une dent contre elle, va dénoncer sa liaison avec Marcillac à son mari. Pour échapper au courroux du cocu, Anne décide de ranimer la guerre civile en France. Elle gagne le Berry après avoir fait signer au Grand Condé, à La Rochefoucauld et à Nemours (son futur amant) un traité par lequel ils s'engagent, en cas de guerre, à ne pas déposer les armes sans son accord ! Incarnant l'esprit de la révolte, elle tient Bordeaux avec Conti où elle soutient le mouvement de l'armée. Mazarin regagne Paris, il est acclamé. Fin de la rébellion, échec pour la duchesse qui est accusée de haute trahison. Le gouvernement ne lui pardonnera pas d'avoir fait prendre les armes à son frère, mais comme on ne prête qu'aux riches, Madame de Longueville sera amnistiée. Elle en mourra quand même !

À votre bon cœur, messieurs, dames ! Mademoiselle Dervieux, danseuse étoile à l'Opéra, était célèbre pour être entretenue par les hommes les plus puissants du royaume. Parmi ses groupies se trouvait Richelieu, Soubise, le duc de Chartres, le comte d'Artois... Sur la liste d'attente s'inscrivit un jeune provincial sans noblesse et sans fortune qui s'éprit éperdument de la belle souris. Après lui avoir écrit de nombreuses lettres d'amour, il obtint enfin un rendez-vous. Se jetant à ses genoux, il la supplia de l'aimer un peu. « C'est impossible monsieur, j'ai mes pauvres », lui répondit le petit rat.

Courtisane à la vie dissolue, Ninon de Lenclos (Paris 1616-*idem* 1705), dont l'esprit était plus charmant que le visage, fut féministe avant la cause. Libre dans ses paroles et dans ses actes, elle eut de nombreux amants parmi lesquels on compte Coligny, Villarceaux, les Sévigné (père et fils), le Grand Condé, le duc de La Rochefoucauld, les maréchaux d'Albret et d'Estrées, La Châtre, Miossens, Rambouillet, Navaille, Brancas, Pécour, Raray, Coulon... Quand elle se lasse d'un homme, la débauchée lui dit tout simplement d'« aller chercher fortune ailleurs », bien qu'elle se fasse copieusement entretenir ! Sa plus longue liaison durera trois ans alors que, pour elle, trois mois c'est déjà l'infini. Cette libertine pour qui « la beauté seule est un hameçon sans appât » classe ses jules en trois catégories : les payeurs, les martyrs et les favoris ! « Sentimentale », elle laissera l'abbé d'Effiat et le maréchal d'Estrées jouer aux dés la paternité de son enfant ! Ninon aura un second garçon, Monsieur de Gerçay, dont elle ne s'encombrera pas outre mesure... Par hasard, son fils la rencontre et en tombe amoureux. Après lui avoir dévoilé la vérité sur ses origines, le jeune homme s'enfuit dans le jardin et s'étant fait hara-kiri, il mourra dans les bras de sa mère... C'est à quatre-vingt-cinq ans que s'éteint cette turbulente demoiselle, après avoir légué une somme de deux mille francs au fils de son notaire afin qu'il s'achète des livres. Ce jeune garçon a douze ans. Il se nomme François Marie Arouet... Une chance, à l'époque on n'avait pas encore inventé l'Ectasy...

Devenue marquise de Prie à quatorze ans, Agnès, fille d'un rabougri de la particule, est présentée à la Cour avant que son mari ne soit nommé à l'ambassade de Turin où le couple restera six ans. Leur retour à Paris coïncide avec l'apogée de la Régence et de la beauté d'Agnès. Ambitieuse, la jeune marquise ressent un besoin de compenser ses origines médiocres par le pouvoir. Agnès s'offre donc au Régent. Mais, pas folle la guêpe, elle pige très vite que sur ce produit-là, il y a beaucoup trop de concurrence. La taille fine, les cheveux cendrés, les yeux vifs, sous une apparence naïve, elle est hypocrite, vicieuse et machiavélique. Elle a vingt-cinq ans lorsqu'elle jette son dévolu sur le duc de Bourbon. Les yeux rouges, le dos courbé, les jambes tordues, malgré ses trente ans, le duc est aussi sexy qu'un bidet mais à l'époque les bidets comme lui sont rares donc puissants.

Comme sa liaison avec le duc n'est pas officielle, Agnès s'arrange pour que le Tout-Paris sache qu'elle est sa maîtresse. Son amant est si épris qu'il ne suffit à la belle que de quelques mois pour diriger la France. Détestant le secrétaire d'État à la guerre, elle le fait injustement emprisonner à la Bastille. Même scénario pour le maréchal de Belle-Isle. Pour arriver à ses fins, la rusée a deux complices. Les frères Pâris, mêlés à toutes les affaires importantes du royaume. Leur association est juteuse et remarquable et leur méthode digne d'un roman. Les Pâris sont chargés de valoriser Agnès aux yeux du duc. Pour ce faire, lorsqu'ils présentent un projet à ce dernier, ils omettent certaines clauses qu'ils précisent à Madame de Prie qui, bien souvent, n'y comprend goutte. Lorsque le duc, bien calé sur son oreiller, lit ensuite le texte à sa maîtresse, elle se récrie, criant au scandale pour l'alinéa qui fait défaut ! Résultat des courses : bluffé par son intelligence, sa perspicacité et son sens des affaires, le duc l'écoute encore davantage ! Puissante, elle fait la mode et les artistes selon sa fantaisie. Marivaux lui dédie *La Double Inconstance,* Voltaire, opportuniste, lui offre son amitié. Son règne durera trois ans de 1723 à 1726, ce qui lui laissera suffisamment de temps pour remplir sa cassette en vidant celle de l'État. Soudoyée par Walpole pour soutenir les intérêts anglais, elle spécule sur le grain en affamant la capitale, vend des charges, des privilèges et donnera même au royaume une reine de son choix, Marie Leszczynska. Modeste, timide et sans fortune, Madame de Prie sait que la personnalité de cette grenouille de bénitier polonaise ne lui fera pas d'ombre et qu'elle saura lui vouer une reconnaissance éternelle. Mais prudente, elle lui désignera quand même ses dames de compagnie ! Jolie mentalité !

Première maîtresse de Louis XV, Madame de Mailly avait une sœur pensionnaire au couvent du Port-Royal. Âgée de vingt-six ans, Pauline-Félicité de Nesles, à qui le boulot ne faisait pas peur, était déterminée à ravir la place de sa frangine, chasser le Premier ministre puis, enfin, gouverner la France. Demandez le programme !

Chaque jour, elle écrivait à sa sœur, l'implorant de la faire venir à Versailles et truffant ses lettres d'anecdotes truculentes avec l'idée que le roi en lisant ses missives serait séduit par son tempérament et manifesterait le désir de la rencontrer. T'as vu juste Auguste, en décembre 1738, Pauline était à Versailles. Sitôt dans la place, le loup fit des ravages dans la bergerie. En un tour de main, le premier boulot fut expédié. Mais pour s'attaquer à la deuxième partie de l'ouvrage, il lui fallait être sûre de son influence sur Louis XV. Devenue la favorite, elle lui demanda de changer la forme de ses perruques, de modifier le galon de ses gilets, de renvoyer un intendant. À tout, il dit oui. Assurée de son pouvoir sur le roi, elle commença alors son offensive contre le cardinal Fleury. Enceinte, elle souhaitait se servir de son enfant pour faire pression sur son amant. Mais elle n'eut pas le temps de mettre en œuvre la dernière partie de son plan, elle mourut en 1741, quelques jours après avoir accouché d'un fils que le peuple surnomma le « demi-Louis ».

Rose Bertin, jolie modiste de vingt-deux ans, fut remarquée par le duc de Chartres. Il lui proposa de lui offrir des diamants, des chevaux, un intérieur si elle consentait à devenir sa maîtresse. Rose refusa. Plus elle s'obstinait, plus le duc en était amoureux. Un jour, pour une commande, Rose se rendit chez la comtesse d'Usson, lorsque l'on annonça l'arrivée du duc de Chartres. Afin d'accueillir ce visiteur de marque, la maîtresse de maison abandonna Rose avec ses tissus sur les bras. Pour en finir avec cet individu sécotineux, avec l'air le plus naturel du monde, la jeune fille vint s'asseoir dans un fauteuil auprès du duc. Choquée, la comtesse lui dit :

« Mademoiselle, vous oubliez que vous êtes devant Son Altesse !

— Non, madame, je ne l'oublie pas.
— Comment pouvez-vous donc vous conduire ainsi ?
— C'est que, madame la comtesse ne sait pas que si je le voulais, je serais ce soir duchesse de Chartres ! »
Dis tonton, pourquoi tu tousses ?

La comtesse de Tessé disait après la mort de Monsieur Dubreuil : « Il était trop inflexible, trop inabordable aux présents, et j'avais un accès de fièvre toutes les fois que je songeais à lui en faire. » Réponse de Madame de Champagne qui lui valut son millésime : « Et moi aussi. Voilà pourquoi j'ai mieux aimé me donner tout de suite une bonne maladie que d'avoir tous ces petits accès de fièvre dont vous parlez... » Comme quoi, lorsque deux garces discutent, c'est toujours en tout bien toute horreur !

Le bruit courut dans la capitale que Mademoiselle du Thé venait de perdre un de ses amants. Histoire de lui remonter le moral, un de ses amis lui fit une visite. En arrivant, il trouva la belle jouant de la harpe !
« Eh mon Dieu ! je m'attendais à vous trouver dans la désolation ! » lui dit-il.
Ce à quoi elle répondit : « Ah, dit-elle, c'est hier qu'il fallait me voir. » On n'imagine pas jusqu'où les grandes douleurs peuvent être muettes !

Ce que les hommes peuvent être bêtes, je vous jure ! Monsieur de Chaulnes avait fait peindre sa femme en Hébé. Ne sachant pas en quoi se faire tirer le portrait, il demanda conseil à Mademoiselle Quinault qui lui rétorqua : « Faites-vous peindre en hébété ! » Tant que ce n'est pas en hébéphrène, tout va bien...

Jalouse, Madame de Talmont voyant Richelieu faire sa cour à Madame de Brionne, une super nana mais qui ne pouvait pas se targuer d'avoir inventé le fil à couper le beurre, lui dit : « Monsieur le maréchal, vous n'êtes point aveugle, mais je vous crois un peu sourd. » À chacun ses perversions !

Maîtresse de Louis XV, Madame Desparbès était connue pour avoir beaucoup d'amour à donner. Un jour, le roi, qui en avait ras la braguette d'être cocu, fit un état des lieux de ses amants :

« Tu as couché avec tous mes sujets. Tu as eu le duc de Choiseul.

— Il est si puissant !

— Le maréchal de Richelieu.

— Il a tant d'esprit !

— Monville.

— Il a une si belle jambe !

— À la bonne heure ; mais le duc d'Aumont qui n'a rien de tout cela ?

— Ah ! Sire, il est si attaché à votre Majesté ! »

Évidemment vu sous cet angle, je vous demande pardon de m'excuser, madame !

Madame de Coigny était connue à la cour de Louis XVI pour être une femme qui ne manquait pas de toupet. Une aristocrate britannique, lady Jersey, ayant appris que la marquise avait laissé sous-entendre qu'elle était peu futée, vint la voir pour éclaircir l'affaire : « Est-il vrai, madame, que vous vous soyez permis de dire que j'étais sotte ? » lui demanda-t-elle sèchement. « Il est vrai que je l'ai dit, madame, mais je ne l'ai point répété. » Encore une Anglaise qui a perdu une occasion de se taire. C'est malin, maintenant tout le monde est au courant !

De Messaline à Liane de Pougy, de Bertrade à la Païva, de Diane de Poitiers à Miss Howard, les garces ont toujours eu la politique de leur géographie... À chacune sa spécialité, à chacune sa manière, puisque seul le résultat compte !

Que dire des artifices de la Pompadour qui, pour garder le roi sous sa coupe, le pourvoyait en jeunes nubiles, et de Caroline, la sœur de Napoléon, qui favorisait les intrigues amoureuses de son frère dans le seul but d'obtenir ses faveurs et, le moment venu, n'hésita pas à le trahir pour sauver les meubles de Murat, son époux ? Ou encore de Théroigne de Méricourt, cette belle amazone, qui prit une part active à la Révolution en offrant son corps atteint de maladies honteuses à une grande partie du corps législatif. Maîtresse de Danton, Desmoulins, Barnave, Mirabeau, cette « sans-culotte » plomba tout ce petit monde...

Impossible de faire le tour de la garcitude, depuis plus de quatre mille ans, des noms, des visages, des infidélités, des perfidies circulent... Petits poisons ou femmes en soie, les garces se donnent, se reprennent, pensent, agissent et rêvent. D'abord à elles, ensuite au monde. Ce qui a au moins le mérite d'éviter pas mal de confusions, niaiseries et autres malentendus historiques. Nos ancêtres furent exceptionnelles. Quoi, vous en doutez encore ? Non mais, franchement vous en connaissez beaucoup des nanas capables de s'offrir un brelan de rois alors qu'elles ne possèdent qu'une quinte de toux !

3.
Littérature de garce

Si être garce, c'est se conformer aux fantasmes des hommes, youpi, la littérature nous offre de bien beaux exemples ! Et si par-dessus le marché, c'est ne jamais donner aux hommes ce qu'ils cherchent tout en essayant de s'approcher du modèle qu'ils ont eux-mêmes imaginé, eh bien pourquoi pas, nous, on veut bien essayer !

Mon conseil :* Youp la Boum au pluriel est invariable. En cas de doute, compulser le Kama-Sutra plutôt que *Le Petit Robert !

Nulle vertu n'élève une femme au-dessus de son état ; elle n'en sort que par le vice.

CHAMFORT

Dans les romans, les garces ont un boulot fou, elles doivent vivre des trucs hors du commun, prendre des risques, tromper, mentir, feindre, composer, mourir de la petite vérole, de la syphilis et du sida (en même temps), tout cela, sans oublier le reste, en paraissant sympathiques. Pour l'identification. Très important le phénomène d'identification dans la production littéraire. Vous en connaissez, vous, des gens assez fous pour se taper trois cents pages d'un roman sans qu'ils se retrouvent ici ou là, sans qu'ils rêvent d'être à la place de l'ingénue ou de l'aventurière, de l'amoureux ou du libertin ?

En littérature, la garce est la femme du désir, pas celle du devoir. C'est l'indicible, le fantasme archaïque, l'attirance du semblable. Celle qui ruse pour échapper à l'arbitraire, à la domination masculine. Grâce à sa virilité à froufrous, la garce remet en cause l'identité mâle, elle est le miroir qui lui renvoie sa propre tyrannie. Chargée de mystère, d'ambiguïté et de corruption charnelle, elle affole les hommes parce que, au-delà des promesses de sa sensualité, ils sentent quelque chose de caché. Des ellipses. D'ailleurs, la transgression faisant partie des poncifs romantiques, certains auteurs n'hésitent pas à en rajouter quelques couches. Au cas où on n'aurait pas compris.

Autre caractéristique dont tous les écrivains font cas, leur stérilité. Diabolicus ! Les garces ont transgressé des domaines qu'il ne fallait pas dissocier : l'acte charnel et l'enfantement. L'aspect pratique de la chose, c'est que n'ayant jamais eu de marmots, cela leur donne un côté virginal que même leurs amours multiples n'arrivent pas à entacher de vice. Alors bien sûr, au moment du dénouement, le prix de son péché est souvent la mort, mais comme les livres sont de puissants raccourcis, rien d'étonnant à cela puisque c'est ce qui nous pend au nez à tous ! Gentils et méchants confondus !

Mais si la garce est le négatif en action, c'est aussi l'héroïsme dans le mal. Rachetées par leur grandeur, elles forcent l'admiration et le respect du lecteur par leurs actes et leur imagination. Gouvernée par le désir et non par la morale, la garce ne rend pas les hommes qu'on lui prête. Bien sûr, il faut distinguer l'ingénue perverse version Claudine ou Lolita, de la garce « façon » Antinéa ou Justine de Lawrence Durrell. Non, non et non, en aucun cas, ce ne peut être Eugénie Grandet ni Anna Karénine qui ne sont ni plus ni moins que des hystériques cliniques. Des pauvres filles quoi !

À chaque siècle, sa garce ! Si son image hante toute la littérature médiévale, elle séduit les XVIIe et XVIIIe siècles. Quant au XIXe, il la considère comme une tentatrice à la sexualité tourmentée, celle qui trompe et corrompt lubriquement ! La femme de l'indicible.

Le XXe ? pfff ! ni un Don Juan en jupon, ni un Lovelace en dentelles, rien que des ersatz, de la saccharine, des qui font genre quoi...

Chef-d'œuvre préromantique écrit en 1731 par l'abbé Prévost, *Manon Lescaut* est l'histoire d'une jeune fille dénuée de tout sens du bien et du mal, dont la seule raison de vivre est le plaisir. Vivant parmi des êtres débauchés dans un milieu social corrompu (sous la Régence, on faisait beaucoup de gymnastique d'alcôve), une seule partie de jambes-en-l'air de Manon suffirait à remplir la vie sexuelle d'une honnête femme. Le chevalier Des Grieux va en tomber frappadingue et pendant les cinq années de leur liaison « casse-toi reviens, va-t'en je t'aime », il va plonger dans la déchéance tout en étant conscient de sa propre chute. Pour assouvir les voluptés de sa maîtresse frivole et dépensière, Des Grieux se procure de l'argent par tous les moyens illicites, cela va de soi. Manon se révèle indigne de la passion que lui voue Des Grieux qui la suit partout comme « le chien-chien à sa maîtresse ». En Amérique, où elle est déportée avec d'autres filles de mauvaise vie, le neveu du gouverneur s'éprend de Manon et Des Grieux se bat en duel avec lui. Croyant l'avoir tué, il s'enfuit avec Manon dans le désert mais la mort viendra mettre fin à tout cet opprobre. La pauvrette mourra de fatigue (physique) laissant Des Grieux tout seul, déboussolé. Ce qui est plutôt gênant dans le désert.

Prototype de la garce possédant une superbe calculatrice intégrée, la marquise de Merteuil tisse de main de maître une intrigue libertine autour des *Liaisons dangereuses*. Si l'œuvre est écrite par un homme, elle met en scène essentiellement des femmes. L'une fonctionne avec la tête (Merteuil), l'autre avec le cœur (la Présidente), la dernière avec pas grand-chose (Cécile). Et devinez qui bat la mesure ? Se servant de son intelligence à des fins subversives, la libertine fait du mal par plaisir et par solidarité avec elle-même « née pour venger mon sexe et maîtriser le vôtre », il suffit de relire la lettre où la belle marquise raconte sa nuit avec Belleroche pour comprendre que lorsqu'elle fait crac-crac, on peut mettre un carré blanc ! Baudelaire, qui avait du mal à faire la différence entre une femme et une poupée gonflable, la définit comme un « Tartuffe femelle, Tartuffe de mœurs, Tartuffe du XVIIIe siècle ». Mais de la part d'un homme capable d'écrire qu'« aimer les femmes intelligentes est un plaisir de pédéraste », plus rien ne nous étonne...

Dans ce roman épistolaire, rien ne manque : séduction, initiation, intrigue, manipulation, trahison, machiavélisme, voyeurisme, débauche. Au fur et à mesure que les lettres se succèdent, même le plus grand tombeur du périphérique a l'air d'être un enfant de chœur à côté. Invité par son ex à séduire la jeune Cécile Volanges, fiancée à un homme dont elle souhaite se venger, le vicomte de Valmont lui oppose une autre proie, la vertueuse Madame de Tourvel. Pour atteindre le cœur, la cuirasse est telle que le vicomte doit dépenser une énergie, une imagination et un temps considérables pour un résultat plutôt peu concluant. Madame de Merteuil se moque des procédés de Valmont, lui donnant un cours de garcitude et de méthode et, en guise de travaux pratiques, se laisse faire des guilis par Prévan qui en prend plein la figure au moment du dessert. Entre-temps, Valmont est tombé amoureux de sa présidente. Bonjour le micmac ! À l'heure de la punition des méchants, le châtiment sera terrible : les libertins se détruisent mutuellement en divulguant leur courrier du cœur. Valmont meurt tué par Danceny, Cécile entre au couvent ; quant à la diabolique veuve, déconsidérée et frappée par la petite vérole (une de plus), elle va s'enfuir sans laisser d'adresse pour n'avoir personne à ses trousses. Résultat des courses : deux morts et trois mal-en-point.

Le plus joli spécimen de garcitude, c'est Carmen. Garce d'instinct, la jolie zingara de Prosper Mérimée exprime sa féminité sans contrainte. Loin d'être une destructrice qui recherche la déchéance des hommes qui l'entourent, la Carmencita situe sa liberté au-delà de ce que les autres peuvent accepter ; son truc c'est d'ébranler la stabilité des autres. Physiquement sincère, même si elle change souvent de sincérité, Carmen dispose du destin des hommes parce qu'elle s'expose plus qu'eux, ses décisions sont entières, définitives ; sa vie intense est libre. En imposant le droit au désir comme consigne principale avec une spontanéité et un atavisme qui vient de son sang de bohémienne, la gitane les fait tous grimper aux rideaux. Don José, lui, montera jusqu'à la tringle. Les hommes qui ont la prétention de la posséder se mettent le doigt dans l'œil, elle se donne mais se reprend toujours. Carmen a besoin de nombreux amants parce que sa personnalité est multiple. À la fois tendre et cruelle, ange et démon, perverse et innocente, loyale et libertine, maman et putain, c'est l'idéal érotique des hommes. Toutes les femmes en une seule ? le coup du siècle ! Et puis, fatalitas, la tragédie s'abat après avoir transformé le soldat Don José en bandit des grands chemins. Il la tuera de ses propres mains. Dans *Carmen*, l'archétype et le stéréotype cohabitent avec une même force. Pas facile de faire le poids après ça !

Dans le chef-d'œuvre d'Alexandre Dumas, *Les Trois Mousquetaires*, la blondeur de la chevelure de Milady de Winter n'égale pas la noirceur de ses actions. Coups d'éventail, manipulations, intrigues, complots, trahisons, empoisonnements et meurtres en tout genre sont légion sur le *curriculum vitae* de la miss. Émissaire de Richelieu et diplomate aux recettes expéditives, la rusée aux yeux bleus languissants fit ses débuts sur la scène de la garcitude au couvent des bénédictines de Templemar. Après avoir fait crac-crac avec un prêtre au cœur simple, elle obtient de ce dernier qu'ils quittent le pays afin d'échapper à la justice ecclésiastique. Pour trouver l'argent nécessaire à leur voyage, le prêtre dérobe des vases sacrés, geste qui conduit les amants derrière les barreaux. Huit jours après, grâce à des petites gâteries prodiguées au fils du geôlier, Milady prend la poudre d'escampette tandis que son amant est condamné aux fers. Milady part se réfugier dans un coin reculé du Berry et, le seigneur du coin en tombe amoureux au point de l'épouser. Devenant comtesse de La Fère, elle ruine la vie et la fortune de son mari. C'est peut-être parce que son mari était un mousquetaire plus connu sous le nom d'Athos, que ce poison ambulant prit pour devise « un pour tous et tout pour moi » !

C'est en bon homosexuel refoulé que Barbey d'Aurevilly, auteur fantastico-réaliste dont la maman était une affreuse castratrice, écrivit *Les Diaboliques*. Véritable recueil de garces, *Les Diaboliques* sont des nouvelles où le mal gouverne les hommes par l'intermédiaire de son émissaire favori, je te le donne en mille Émile, la femme, bien sûr ! Instruments de la tentation et de la possession, incarnation d'une force dont elles sont seules capables, les garces chez Barbey ont de quoi terroriser n'importe quel mec digne de ce nom. Femmes-sphinx en quête d'absolu, elles sont à la fois courageuses, imaginatives, machiavéliques, volontaires et conquérantes ; face à leur détermination, les hommes jouent toujours moins gros qu'elles.

Dans *Le Rideau cramoisi,* Alberte mène le bal ou plutôt la conquête. Gracile, à peine sortie de pension, la jeune fille va allumer le locataire de ses parents de façon à provoquer un incendie. Pince-mi, pince-moi sous la table, billet glissé dans le corsage, masques de circonstance, la futée a déjà tout compris. Brassard est militaire. Lui qui a fait la guerre sur tous les champs de bataille a pourtant une peur bleue que les parents de la jeune fille découvrent leur liaison. Beaucoup plus courageuse que lui, pour aller le rejoindre, Alberte n'hésite pas à traverser leur chambre et plusieurs fois par semaine par-dessus le marché ! Pas pipelette pour un sou, elle se donne à lui sans les prises de tête d'usage avant de repartir vers son lit de jeune fille. Un soir, Alberte vient le retrouver et... à la manière de Félix Faure, meurt en pleine galipette. Brassard, pris de panique, après être allé tout raconter à son chef, lève le camp, sans même payer son dernier loyer...

À la fois tigresse et vipère, *Le Bonheur dans le crime* relate l'histoire d'Hauteclaire Stassin, charmant professeur d'escrime qui va disparaître de la circulation pour réapparaître servante au service de la femme de son amant. Avec la complicité de ce dernier, elle va empoisonner l'épouse pour ne plus risquer d'être dérangée en plantant la mouche...

Vraie tromblon mais parfaite garce, *La Cousine Bette* d'Honoré de Balzac est une sorte de Machiavel en jupon qui va causer la ruine morale et financière d'une famille avec l'aide d'une complice à la petite vertu, Valérie Marneffe. Vieille fille pauvre de quarante-trois ans, Lizbeth Fischer est éprise d'un sculpteur de vingt-neuf ans qu'elle a sauvé de la mort. Sa jeune cousine Hortense va en tomber amoureuse et l'épouser. La vengeance sera implacable. Véritable Mohican dont les pièges sont inévitables, perverse et dissimulatrice, Lizbeth agit à la manière des jésuites, en puissance occulte. Considérée comme le bon ange de la famille, elle va mettre le feu aux poudres mais l'explosion n'aura pas lieu. Elle mourra désespérée de voir que, malgré toute sa méchanceté, sa famille nage en plein bonheur. Sa dernière consolation sera de penser que sa mort attristera les siens...

Dans la société du second Empire, le règne de Nana (la fille de Gervaise) ne durera qu'un an. Rongée par la petite vérole, elle mourra à dix-neuf ans, après avoir fait suffisamment de chemin, donc de dégâts, pour remplir trois cents pages ! Chantant comme une Cocotte-Minute, sans autre talent que celui de son généreux postérieur, c'est avec des manières des faubourgs qu'elle roule ses cigarettes et tourne la tête à toute la haute cour. De l'amant de Moscou qui paie six mois de loyer d'avance, à l'hôtel particulier de Muffat en passant par la maison de campagne, cadeau du banquier Steiner, avec une ingénuité corruptive, Nana ruine et déshonore les comtes de Vandeuvre et Muffat, Georges Hugon, son frère, ainsi qu'Hector de La Faloise. Pas si godiche qu'elle en a l'air, elle décoche à son porte-monnaie en redingote un « si vous n'étiez pas des mufles, vous seriez aussi gentils chez vos femmes que chez nous ; et si vos femmes n'étaient pas des dindes, elles se donneraient, pour vous garder, la peine que nous prenons pour vous avoir ». Et toc ! Pendant que, propre sur elle, et usant ses fonds de robe sur les bancs d'église, la comtesse Sabine s'envoie en l'air de la même façon avec le journaliste Fauchery ; mais l'honneur est sauf, à part son époux, personne n'est au courant !

Ennemie du mariage, apologiste de la licence, corruptrice de quelques femmes, mais fléau de tous les maris, George Sand (1804-1876) fut une garce intellectuelle. Androgyne à la vie dissolue, fumant le cigare et la pipe, s'habillant et vivant comme un homme, cette féministe, qui fut une des voix du socialisme du XIXe, ne s'est pas compromise avec le régime impérial. Qualifiée de « goule » par Henri Guillemin et de « latrine » par Baudelaire, certains de ses contemporains ne lui pardonnaient pas de l'ouvrir pendant que les autres la fermaient. Amoureuse épisodique, sur son tableau de chasse, on trouve du gibier aussi gros qu'Alfred de Musset, Prosper Mérimée, Chopin, Marie Dorval (?), Pierre Leroux et Alexandre Manceau. Prise d'une *tourista* des familles en arrivant à Venise, elle fut abandonnée lâchement aux bons soins d'un jeune médecin par Alfred qui alla visiter les bordels de la Sérénissime. À force de faire la nouba, Musset tomba malade à son tour. Cette fois, c'est George qui fit appel au docteur Pagello qui lui avait déjà rendu visite. Un prêté pour un rendu, alors que le poète était au plus mal, c'était à elle que le médecin faisait le bouche-à-bouche, juste sous son nez ! Ah ! ces artistes, avant que l'auteur de *Lorenzaccio* ne se sente de trop et décide de regagner la France, ils firent ménage à trois. On est sûr au moins d'une chose, c'est qu'en janvier 1834, sur la place Saint-Marc, il y avait au moins un pigeon...

Première femme élue à l'Académie Goncourt, membre de l'Académie royale de langue et de littérature française de Belgique, grand officier de la Légion d'honneur, après deux divorces et vingt ans d'une carrière plus ou moins habillée sur les planches, Colette (1873-1954) fut la première Française à être gratifiée d'obsèques nationales, ce qui prouve que si l'on s'en donne la peine, on peut nous aussi y arriver. Exemple type de garce par fécondation, c'est son époux qui va lui révéler sa propre garcitude. Mariée au critique musical Henry Gauthier-Villars dit Willy, mondain cultivé, scribouilleur sans talent mais homme de marketing avant la lettre, Willy corrige le premier manuscrit de Colette en le saupoudrant de sexe et de calembours, *Claudine à l'école*, et signe seul l'ouvrage dont l'éditeur vendra quarante mille exemplaires en deux mois ! Il lui fit subir un ménage à trois et, après avoir favorisé une liaison homosexuelle, s'aperçoit qu'elle vit de ses propres ailes... Dans son village natal de Saint-Sauveur-en-Puisaye, un jour qu'elle voulut faire rentrer son chien pour assister à l'office, le curé Millot le lui interdit. Avec une naïveté désarmante, elle lui demanda : « Pourquoi, que craignez-vous qu'il y apprenne ? »...

À l'inverse de la littérature, le théâtre met en scène une pépinière de garces. Toinette, Claudine, Nicole, Martine, chez Molière, toutes les servantes sont des modèles du genre. Peu instruites mais très futées, connaissant les travers de leurs maîtres, elles savent les flatter finement afin d'obtenir gain de cause pour leurs protégées. Du point de vue du spectateur, Agnès dans *L'École des femmes* n'est pas une garce. Mais dès lors qu'elle revendique le droit à une vie différente et qu'elle refuse tous les clichés imposés, elle en devient une. Lorsqu'elle prend conscience de son intérêt, elle devient cruelle avec ce crétin d'Arnolphe. Bien fait !

C'est sous les traits de la *Fausse Suivante* et de Silvia dans *Le Jeu de l'amour et du hasard* que Marivaux les met en scène. Chez Beaumarchais, la fin du *Mariage de Figaro* est le triomphe de la finesse féminine. Même Figaro admet que « bien rosser et garder rancune est aussi par trop féminin ».

Pochetron et débauché, Musset fut un misogyne éclairé. Connaissant bien les femmes (il est mort de la syphilis), il esquissa plusieurs personnages de garces qui firent école. Camille et Marianne, à ce titre, méritent de faire partie du comité directeur. Dans *On ne badine pas avec l'amour*,

Perdican et Camille sont des cousins promis depuis l'enfance au mariage. Lui est un libertin qui a roulé sa bosse, elle, une oie blanche, jamais sortie de son couvent. Camille ne veut pas épouser Perdican. Elle a un profond mépris pour les hommes qu'elle ne connaît que par le bureau des pleurs des femmes de son cloître qui furent abusées et exclues de la vie sociale à cause d'eux. Mais Camille n'en est pas moins femme. Pour exciter leur jalousie mutuelle, nos deux lascars vont jouer en se servant de la sœur de lait de Camille, une brave fille qui n'a pas inventé le fil à couper l'eau chaude. Ils vont la tuer.

Jeune femme fière et mariée à un niais, Marianne a en Cœlio un amoureux idéaliste mais timoré. Octave, ami du soupirant et cousin de la belle, est le double inversé de Cœlio ; cynique et débauché, pour lui une femme n'est « qu'une belle nuit qui passe ». En vraie garce, Marianne méprise celui qui l'aime mais souhaite conquérir celui qui s'en fout. Elle va jouer un jeu dangereux avec l'entremetteur qui va obtenir d'elle un rendez-vous qu'il offre à Cœlio. Mais c'est un guet-apens et l'amoureux transi tombe dans un piège mortel : *Les Caprices de Marianne.*

Zelda (1900-1948), l'épouse de Francis Scott Fitzgerald, lui en a fait voir et boire de toutes les couleurs ! Garce par réaction, pour que tout le monde soit au courant de leurs querelles, Madame faisait sa valise et la laissait devant sa villa tout en défiant Fitzgerald de l'imiter. À cause d'une jeune actrice dont l'auteur de *Gatsby le Magnifique* s'était entiché, elle jeta par la portière du wagon le cadeau le plus cher que son mari lui ait jamais offert (une montre en platine et diamants). Lors d'une autre crise de jalousie, elle brûla les vêtements de son mari dans la douche de l'Ambassador Hotel à Hollywood. Et, parce que Fifi lui avait dit qu'une femme se devait de travailler, piquée, elle se mit à fabriquer plusieurs séries de poupées en papier représentant des personnages historiques de contes de fées. Le truc parfaitement invendable mais qui eut le mérite de couper court à d'autres remontrances ! Bienvenue à la garcerie, Madame Fitzgerald !

4.
Les garces sur grand écran

Modèle le plus contemporain, les garces au cinoche, c'est le rêve des hommes en Technicolor. De l'aventure de la banquette arrière à la passion dévâstatrice, les VO, les VF et surtout les carrés blancs nous proposent quelques idées de comportements et de dialogues susceptibles de nous mettre hors d'atteinte. Un chapitre pour réviser vos leçons.

***Mon conseil :* Ne visez pas l'Oscar, encore moins le Molière, contentez-vous de bien viser le Jules !**

> *Il vous faut les aimer et les quitter. S'il décide de partir, prenez les devants. Quand l'un s'en va, prenez-en un autre. Visez l'homme qui a la position sociale la plus élevée, et, si vous ne pouvez pas prendre l'ascenseur, montez à pied...*
>
> Dossier de presse de la Paramount, 1926

Le septième art est une pépinière de garces. Sur l'écran, celles qui les ont incarnées sont nombreuses, Elizabeth Taylor dans *Cléopâtre*, Vivian Leigh dans *Autant en emporte le vent*, Martine Carol dans *Lola Montès*, Isabelle Adjani dans *L'Été meurtrier*, Isabelle Huppert dans *Loulou*, Jeanne Moreau dans *Jules et Jim*, Sharon Stone dans *Basic Instinct* ou encore Sigourney Weaver et Melanie Griffith dans *Working Girl*. Révélant certaines actrices, apportant la célébrité à d'autres, devenu un véritable gagne-caviar pour quelques-unes, le personnage de la garce est un rôle fort prisé par ces dames qui, par projection (hihi), leur renvoie une image intelligente d'elles-mêmes. Une fois n'est pas coutume !

Inutile de préciser que pour la plupart des comédiennes dignes de ce nom, c'est-à-dire bien peu, le personnage de la garce n'a rien à voir avec un rôle de composition. C'est parce que les garces sont naturellement des comédiennes qu'elles en ont fait leur profession ! Perçu comme un rôle ambigu, contradictoire, par le public masculin qui, en les voyant évoluer sur la toile, ressent une sorte d'attraction/répulsion, un vertige, le rôle de garce exerce, par contre, une fascination équivoque sur les femmes.

Esquimaux, caramels, chocolats glacééés... Silence ! On tourne...

Emma Henriette Floquet, plus connue sous le pseudonyme de Colette Darfeuil, est née en 1906. Entre 1920 et 1952, elle tournera quelque cent quinze films. C'est avec sa démarche ondulante, ses yeux verts et son jeu minaudant qu'elle enflammera les cœurs et l'écran. Elle tournera entre autres en 1932 *Le Rosier de Madame Husson* de Bernard Deschamps et *Le Patriote* de Maurice Tourneur. Reléguée aux oubliettes après guerre, si son jeu a vieilli, apparaissant aujourd'hui comme un peu vulgaire, elle fut, entre les années 1920 et 1930, la première garce estampillée sur bobine.

De son vrai nom Geneviève Menu, Ginette Leclerc est née à Paris en 1912. La femme la plus assassinée du cinéma français débute sa carrière en posant pour des cartes postales érotiques avant de se tourner vers le septième art. Jouant plutôt à découvert, son charme canaille la cantonnera à des personnages de morue et d'ingénue perverse comme dans *L'Hôtel du libre échange*, *L'École des cocottes* ou encore *La Peau d'un autre*. Tout un programme !

C'est avec *La Femme du boulanger* de Marcel Pagnol (1938) qu'elle connaîtra la consécration de sa garcitude. Jeune et jolie femme d'un boulanger vieux et égoïste, Aurélie va s'enfuir avec le Tarzan des collines afin de vivre d'amour et de pastis. Le cœur dans le pétrin, Aimable refuse de faire du pain tant que sa baguette ne lui est pas revenue. L'estomac dans les talons, les villageois iront à la recherche de la belle et la ramèneront au bercail où elle se fera rouler dans la farine par l'intermédiaire de « Pomponette » qui, comme sa maîtresse, a suivi le chat de la gouttière voisine... Très remarquée dans *Une belle garce* de Jacques Daroy en 1948, elle se verra offrir par Henri-Georges Clouzot en 1943 un de ses plus beaux personnages avec Denise. Une boiteuse enquiquineuse. Toute vêtue de noir, cette garce vindicative sera accusée un temps d'être *Le Corbeau.* Compromise avec l'occupant, sa carrière, comme celle d'Arletty, sera un temps interrompue par la justice française après la guerre. Deuxième grande garce du cinéma français, elle répondait au sobriquet de Ginette G 2 !

Élue Miss Paris en 1930, Viviane Romance (Pauline Ortmans, née en 1909) fait ses débuts à l'écran en 1931 dans des rôles de courtisane, de fille-mère et de chanteuse de cabaret. C'est en interprétant une garce destructrice dans *La Belle Équipe* de Julien Duvivier (1936) qu'elle devient la star la plus célèbre d'avant-guerre. Jusqu'en 1940, elle fait rayonner sur les écrans un charme sensuel de brune et une coquetterie ravageuse comme dans *Naples au baiser de feu* d'Alain Gemina (1937). Le retour à l'ordre moral imposé par le régime à l'eau de Vichy entrave malheureusement sa carrière. Mais pour sa génération, la miss dont les mirettes furent célébrées comme les « plus beaux yeux du cinéma français » symbolise la femme dont le sex-appeal bouleverse les hommes en orientant leurs destins. Un plus : elle a giflé Mistinguett !

Dans *Gueule d'Amour* de Jean Grémillon en 1937, un officier de spahis surnommé Gueule d'Amour (Gabin) s'éprend d'une garce rencontrée à Monte-Carlo. Abandonnant l'armée, il devient cafetier et retrouve son copain d'enfance amoureux lui aussi de... la même fille ! Troublante, Mireille Balin fut également la femme fatale de *Pépé le Moko* de Julien Duvivier en 1937 avec une fois encore Jean Gabin pour partenaire... Et si cela vous démange de savoir s'ils furent amants dans la vie ? eh bien... grattez-vous !

Décidant de mener sa vie en toute liberté et ne voulant dépendre ni d'une famille ni d'un mari, Micheline Presle, dans *Falbalas* de Jacques Becker (1944), incarne la femme de tempérament, pétillante et indépendante qui se veut le miroir d'une génération. Un couturier tombe fou amoureux d'une jeune provinciale, fiancée à un de ses amis. Pour éviter les mensonges, elle renonce à son mariage et repousse en même temps l'affolé de l'aiguille, qui se suicide. Si le scénario est acceptable, la fin, en revanche, a mal vieilli... Il y a déjà belle lurette que les couturiers ne se suppriment plus à cause des femmes...

Né d'un fait divers qui défraya la chronique en 1900, *Casque d'or,* le chef-d'œuvre de Jacques Becker (1952), met en scène une garce à laquelle Simone Signoret prête son visage et son talent. Après avoir quitté l'Assistance publique, Serge Reggiani, alias Manda, ex-voyou, est charpentier à Belleville. Bon gars et vaillant à la tâche, il doit épouser la fille de son patron... lorsqu'il rencontre la pulpeuse Marie surnommée Casque d'or. Il n'a pas besoin de lui courir après lui dire « Casque d'or, si je t'attrape, je te mords » pour qu'elle se donne à lui. Et là, c'est le coup de marteau ! Blonde, sensuelle, cette fleur de macadam lui dévisse la tête au point de le conduire au meurtre de Roland, son protecteur, puis à la guillotine... Qui, comme chacun sait, la fait perdre...

Surnommée « l'impératrice des faubourgs », Arletty (Courbevoie 1898-1993) était plus vraie que nature dans le rôle de la garce populaire. Avec sa frange brune, sa jupe fendue et son parler acide à l'accent de Paname, face à l'*Hôtel du Nord,* sur le canal Saint-Martin, Madame Raymonde balance à Louis Jouvet, son protecteur, une réplique à la hauteur de sa garcitude : « Atmosphère, atmosphère, est-ce que j'ai une gueule d'atmosphère ? » En Garance, elle échappe à ses prétendants, se donnant à tous, elle se reprend aussi. Sur le boulevard du Crime (pour les adeptes des pèlerinages, c'est la rue du Temple) où sont concentrés les théâtres de la cité, se promènent *Les Enfants du Paradis,* le chef-d'œuvre de Marcel Carné. Garance, aimée à fond perdu par le comte de Montray, en a ras-le-bol de sa liaison avec Lacenaire, écrivain public, anarchiste et assassin par vocation. Dénoncée pour vol par un bourgeois à qui l'on a piqué sa montre, elle sera sauvée par un Marceau de service qui prouvera son innocence en mimant à la police la scène à laquelle il a assisté. Pour le remercier, la belle lui offrira une rose, ce qui fera chavirer le comédien. Elle partira ensuite en voyage avec le comte dont elle se fout éperdument. De retour à la case départ, en voyant le mime aux Funambules, elle réalise qu'elle n'a jamais aimé que lui mais, entre-temps, Baptiste, devenu célèbre, s'est marié avec Nathalie, une comédienne qui lui a donné un enfant. Qu'importe ! Mais Garance ne l'aimera qu'une nuit. Le lendemain, elle se perdra dans la foule du carnaval pour laisser Baptiste à Nathalie...

Plus ambiguë encore, dans *Les Visiteurs du soir* de Jacques Prévert et Marcel Carné, Arletty incarne le messager de Satan, la garce proche de celle que l'on rencontre dans la littérature fantastique. L'insondable instrument de la tentation et l'incarnation du mal. Chargée par le Vilain de descendre sur terre pour séduire deux hommes, avec les charmes naturels qu'elle possède, pas besoin de philtres magiques ou de séances d'envoûtement pour que la belle arrive à ses fins. Indifférente à tout, lorsque le Diable voit que son tour de sorcellerie ne se déroule pas tout à fait comme prévu, il lui demande d'emmener son amant avec elle en Enfer, elle accepte... Le diable au corps...

C'est en jouant l'ingénue perverse dans *Et Dieu créa la femme* de Roger Vadim (1956) que Brigitte Bardot fut élevée au rang de mythe. Pupille, Juliette est une femme-enfant pour qui la poursuite du bonheur prime sur toute morale. Inconsciente du mal qu'elle fait, dans son univers saint-tropézien. Trois mecs fascinés par la fragilité et le peps qui émane de ce beau brin de fille sont en double file. Le premier riche et vieux (Jürgens) est directeur d'une boîte de nuit, le second aventurier et violent (Marquand) travaille sur un carénage avec son frère qui se trouve aussi être le troisième sur la liste d'attente... Plouf, plouf, ça sera toi qui... Pour échapper à l'orphelinat, Juliette épousera Michel (Trintignant), le pigeon naïf et gentil, se donnera à son frère Antoine et se refusera au vieux. Si les dialogues sont d'une stupidité affligeante, la danse de Bardot est d'un érotisme à déconnecter les warnings et digne d'une garce douée pour les entrechats...

Tournés vers 1965 d'après les romans d'Anne et Serge Golon, la série niaiso-érotico-historique à l'eau de rose et aux grands sentiments de Bernard Borderie métamorphose Michèle Mercier en Angélique de Plessis-Bellière. Sensuelle, insolente, intrépide et espiègle, pas de doute, Angélique est une garce. Mais où cela devient franchement agaçant, c'est que les mecs qui tombent amoureux d'elle sont tous hyper canons ! Dans la première partie de ce potage insipide intitulé *Angélique et le Roy*, elle partage la même tente au bord de l'eau que la favorite Athénaïs. Beau compliment, la Montespan lui décoche un : « Vous êtes une garce » ; réponse de l'autre : « Et vous, vous êtes un ange », avant de sortir en petite tenue pour faire enrager sa rivale... Na !

En revanche, cette ancienne danseuse fut une garce beaucoup plus intéressante dans le film de Dino Risi, *Les Monstres* (1963), où elle reçoit son amant dans sa chambre alors que son mari a les yeux fixés sur son poste de télévision dans la pièce à côté ! À chacun ses perversions après tout !

De l'autre côté de l'Atlantique, l'Oscar du plus beau spécimen de garce sur pellicule revient à Louise Brooks (Wichita, 1906-Rochester, 1985). Muse des surréalistes, celle qui débuta comme girl aux Ziegfeld Follies semble plus célèbre aujourd'hui qu'à l'époque de sa gloire. Cheveux bruns coupés à « l'égyptienne », yeux noirs remplis de promesses sensuelles, silhouette provocante, Louise Brooks fut dans la vie l'archétype de la femme rebelle et au cinéma celui de la star qui a brisé son statut d'objet. Traitée de sale gosse par les producteurs, son élégance et ses caprices rendaient tous les hommes frappadingues. Ignorant tout ce qui n'avait pas de rapport avec son plaisir, pour cette adorable bisexuelle, l'acte d'amour n'était « qu'un moyen excitant comme un autre de passer le temps, en attendant un coup de fil du studio » ! Elle cultivait l'art de la débauche et des contradictions, dans ses films comme dans sa vie privée. La perversion glisse sur elle sans entamer sa fraîcheur, son innocence. N'hésitant pas à écrire que « presque toutes les lesbiennes sont bisexuelles, en partie parce qu'elles aiment l'autre sexe, comme tous les homosexuels, et en partie parce qu'il faut bien qu'une fille vive et que, à cet égard, les hommes sont ce qu'il y a de mieux », l'autobiographie qu'elle projetait d'écrire devait s'intituler *Les Hommes dans mon lit !*

En mauvaise sœur qui a le même petit ami que son aînée dans la comédie flapper, *Le Galant Étalagiste* de Frank Tuttle, elle se transforme en Mademoiselle Godiva, une garçonne insouciante et volage dans *Une fille dans chaque port* d'Howard Hawks (1928). Elle a vingt-trois ans lorsque Georg Wilhelm Pabst lui offre sur un plateau — de cinéma bien sûr — le magnifique rôle de Lulu (1929). Jaloux comme un pou, son mari a engagé un peintre pour qu'il exécute le portrait de sa femme dans une pose lascive. Découvrant qu'il est cocu, le docteur a une crise cardiaque et meurt. Différente avec chaque homme, Lulu est dénuée de toute culpabilité. Elle est libre. À peine l'artiste s'est-il tranché la gorge par amour pour elle, qu'il est aussitôt remplacé par l'éditeur Schön, personnage arrogant et dominateur qui croit la posséder. Afin d'assurer la pérennité de ses affaires, Schön doit se marier avec la fille du ministre de l'Intérieur. Mais Lulu le gêne. Il tente donc de s'en débarrasser. Furieuse, elle décide de se venger en devenant la vedette d'une revue dirigée par le fils de l'éditeur qui tombe amoureux d'elle. Mais cela ne lui suffit pas. Elle va réussir à faire échouer le mariage de Schön pour l'épouser à son tour avant de le tuer avec son propre revolver. Elle ruinera ensuite son fils, Alwa, puis échappera à la police grâce à la complicité de la comtesse Geschwitz, homosexuelle aussi sous le charme. Finissant dans la misère la plus totale à Londres, Lulu en quête de son premier client va tomber sur... Jack l'Éventreur !

Personnalité intuitive et d'une intelligence peu commune pour son milieu, Louise ne tournera que vingt-quatre films (entre 1925 et 1938) avant de claquer la porte des studios de cinéma, lassée par les navets qu'on s'obstine à lui faire jouer. Symbolisant la génération flapper, elle marquera des milliers de femmes qui chercheront à lui ressembler en copiant son look mais sans jamais réussir à imiter son style. Encore de nos jours, on continue de réchauffer le plat...

Physiquement, l'important c'est ce que l'on a dans la tête. Pas besoin d'avoir une anatomie à faire péter les boutons de braguette pour jouer les rôles de garce. La carrière de Bette Davis (1908-1989) en est la preuve. Avec deux Oscars et dix nominations, son image à l'écran est celle d'une femme misogyne, à la fois perverse et dominatrice, dure et vulnérable, calculatrice et loyale. Michael Curtiz pour qui elle tourne *Ombres vers le sud* en 1932 ira jusqu'à la qualifier « de mocheté de garce asexuée » ! De son propre aveu elle dira : « Les meilleurs rôles sont ceux de garce. Alors je joue les garces. »

D'ailleurs les titres de ses films parlent d'eux-mêmes : *L'Emprise* de John Cromwell (1934), *Femmes marquées* de Lloyd Bacon (1937), *Une certaine femme* d'Edmund Goulding (1937), *La Vipère* de William Wyler (1941), *La Garce* de King Vidor (1949). Dans *L'Insoumise* de William Wyler (1938), elle incarne l'esprit du mal dans le rôle de Julia-Jezebel tandis que dans *L'Argent de la vieille*, Luigi Comencini lui offre le rôle d'une vieille garce acariâtre mais qui en bernant de minables escrocs devient sympathique aux yeux du public. C'est peut-être le sentiment profond de cette garcitude qui lui fera écrire dans ses *Mémoires* que la solitude est le lot de l'artiste... Encore un livre qui prouve combien Florian avait raison lorsqu'il écrivait : « À chacun son métier et les vaches seront bien gardées... »

Joan Collins (Londres 1933), garce patentée, proclame qu'il est de bon ton de faire mariner un homme au moins vingt et un jours avant de l'essayer en position horizontale. Normal, elle est déjà ménopausée !

De nos jours, la garce à l'écran ressemble plus à une entreprise de destruction qu'à une joueuse. Dans le long métrage de Christopher Frank, *Elles n'oublient jamais,* Nadia Farès s'en prend à un homme marié, Thierry Lhermitte, qui se retrouve par les soins de cette fille habiter au dixième étage d'un immeuble qui n'en comporte que deux !

Débutant sa carrière cinématographique à trente-cinq ans en interprétant des rôles de « gentille », c'est en jouant les garces diaboliques comme elle l'a fait dans *Liaison fatale* d'Adrian Lyne que Glenn Close a trouvé la célébration. Déjà cinq nominations pour cette jolie blonde dont la vraie nature est de consacrer tout son temps libre à son mari et à sa fille. Parfaite en marquise de Merteuil dans le film de Stephen Frears, *Les Liaisons dangereuses,* elle se métamorphose en carriériste sans scrupule sur la pellicule de Ron Howard intitulée *Le Journal.* Directrice de la rédaction d'un quotidien new-yorkais, à la manière d'un ouragan, elle brise tout sur son passage...

Lorsqu'on pense aux hommes à garces, le premier nom qui vient à l'esprit est celui de Sacha Guitry. Marié cinq fois, avec ses femmes (Charlotte Lysès, Yvonne Printemps, Jacqueline Delubac, Geneviève de Séreville et Lana Marconi), ce misogyne a fait le tour de la garcitude. Pas dupe, à Yvonne, qui le trompe à qui mieux mieux, il rendra la monnaie de sa pièce en lui prêtant ces mots de garce sublime dans *Histoire de France :*

« Je ne veux pas qu'un autre homme que moi pose la main sur toi. Il faut que tu me sois fidèle de la tête aux pieds.

— Y compris les cheveux ?

— Parfaitement. Il ne faut pas que tu me trompes.

— Du tout ?

— Du tout.

— Même si nous étions seuls à le savoir, toi, lui et moi ? »

Dans ses films, les pestes sont légion. Dans *Assassins et Voleurs,* avec Jean Poiret et Michel Serrault, la jolie baigneuse qu'incarne Magali Noël est un modèle du genre. Libertine et mutine, l'interprète de *Fais-moi mal Johnny* trompe son mari avec un de ses amis d'enfance. La belle Madeleine va jusqu'à le recevoir chez elle pendant que son mari est sorti dîner...

Présente dans tous les films de Sacha, Pauline Carton fut une comédienne exceptionnelle à l'esprit vif et au chignon bien accroché. Un jour qu'elle se rendait chez l'humoriste, elle surprend Guitry en train de donner des cours de comédie à sa dernière femme, Lana Marconi. En la regardant jouer, avec son accent des faubourgs et son franc-parler, elle assassinera l'actrice en herbe d'un : « De toute façon avec le Patron, vous ne risquez rien. Il ferait jouer une chaise ! » Heureusement pour la dernière femme du maître, que Pauline l'avait à la bonne...

Directrice du théâtre qui portait son nom, Réjane fut la seule comédienne dont le talent fut comparé à celui de Sarah Bernhardt. Femme bien en chair, au caractère enjoué et au regard espiègle, elle séduit les plus grands auteurs de son temps par son sens inné de la repartie. Ayant obtenu un cachet de dix mille francs (une somme énorme pour l'époque) pour déclamer des vers au cours d'un dîner chez un banquier parvenu, elle fut avertie à son arrivée, par le maître des lieux :

« Il va de soi que vous prendrez votre repas à l'office.

— Entendu, Monsieur. Mais si je ne suis pas obligée de dîner avec vos invités, je ne vous prendrai que cinq mille francs ! » Touché, coulé !

L'écran, c'est aussi le support de la publicité. La garce fait vendre. C'est une évidence. D'abord parce qu'on l'associe le plus souvent à une super nana qui n'a pas froid aux yeux, traduisez donc qui a le feu au cul ; ensuite parce qu'elle est ressentie comme une femme libre, un modèle de réussite, de femme active et battante qui prend des risques. Quand les publicitaires utilisent le visuel de la garce, c'est toujours dans des scènes plutôt flatteuses. Pour elle en tous cas. Produit macho par excellence, la voiture est associée aux femmes à cause de leurs similitudes. Quand les mecs veulent rouler des mécaniques pour parler d'une nana, ils n'hésitent pas à dire qu'elle a une belle carrosserie, un beau châssis ou une bonne tenue de route. Mais avec les garces, ce que les directeurs artistiques mettent en évidence, c'est leur tempérament. Telle la publicité pour la 205 où une jeune femme B.C.B.G. monte dans un avion (privé). Son mec, qui se retrouve seul dans sa voiture, écrit sur le sable avec les roues de sa 205 le mot GARCE.

La garce, un produit ? Ah non alors ! Pensez qu'on peut s'offrir une garce à crédit ou à Noël juste en s'offrant un objet de consommation, c'est se mettre le doigt dans l'œil ! Et si les publicitaires croient toujours aux vertus de ces projections minables, cela prouve qu'ils sont encore plus crétins qu'on ne l'imagine.

5.
L'état de garce

Ce qui va suivre est à peu près l'équivalent des *Exercices spirituels* de saint Ignace de Loyola. Le chemin de l'accomplissement et de la perfection...

C'est comment, vous dites quoi, vous ? Rien moins !

***Mon conseil :* Lisez ce chapitre deux fois.**

Quelque mal qu'un homme puisse penser des femmes, il n'y a pas de femme qui n'en pense encore plus mal que lui.

CHAMFORT

Être garce est un privilège. N'importe qui ne peut pas l'être ou le devenir. De même que chez Dame Nature, une graine ne donne pas systématiquement une plante, chez les femmes, certains chromosomes XX sont stériles de garcitude. Bien sûr, les greffes sont toujours envisageables mais pour qu'il y ait authenticité, il faut, au départ, être porteuse du gène, l'avoir en soi. Comme en peinture, on peut rencontrer de bonnes reproductions, d'intéressantes inspirations mais une œuvre d'art même à l'état brut reste une œuvre d'art. Il n'y a pas d'imitation possible. C'est d'ailleurs tout ce qui fait la différence entre une copie et l'original.

Passé l'écueil de la sélection naturelle, être une parfaite garce implique de posséder un savant mélange de féminité, de peps, de stratégie, d'imagination, de perversité et... d'humour ! D'une manière parfaitement instinctive, notre héroïne sait se servir de ses défauts pour en faire des qualités. Ce qui, généralement, en fait craquer plus d'un...

Première discrimination, l'aspect physique. Pour faire partie du Club, il ne faut pas être un boudin. Une garce doit être désirable. Si vous avez un quintal aux fessiers et un râtelier en grille d'égout, vous pouvez toujours essayer mais je ne garantis pas le résultat. Cela dit, tout dépend du mec sur lequel vous allez jeter votre dévolu. Tous les goûts sont dans la nature après tout... Si avoir un beau cul est un atout non négligeable, n'en faites pas pour autant une fixette. D'accord, nous ne sommes pas toutes égales dans un maillot brésilien, et après ? Dans cette histoire, le plus important n'est pas de faire du 95/60/90 (ouf !) mais de posséder ce que les anglophones nomment « *the sensual attraction* » et qui se traduit physiquement par une façon d'être, de regarder, d'occuper l'espace, une manière particulière de caresser le bord de son verre, de rire, d'écraser sa cigarette, de dire non, d'enrouler ses cheveux autour de son doigt... le truc indéfinissable qui vous rend attirante, le peps quoi !

Avoir de la personnalité. Deuxième discrimination. Il faut être capable de « mener le jeu ». Donc être sûre de soi. En un mot, savoir surprendre, étonner, brûler des étapes, savoir parler aux sens par son tempérament et par les fantasmes que l'on génère, en anticipant les attentes de l'autre. Pour cela, tous les moyens sont bons : provocation, spontanéité, insolence, mystère, candeur, érotisme, dérobade... Mais sans chercher à s'octroyer une légitimité quelconque dont toute vraie séductrice se fout éperdument... Une garce, cela ne marche pas au pouvoir, mais à la fascination.

De la stratégie. Troisième discrimination. À la manière d'une partie de go ou d'échecs, il faut étudier sa cible, évaluer les forces de son partenaire et déceler ses points faibles. Ensuite attaquer en souplesse, par des moyens détournés, en évitant toute erreur de tactique, de discernement et toute vanité déplacée.

Quatrièmement, de l'imagination. Pour inventer des situations, monter des coups, renouveler le désir, transcender le quotidien. Sans aller jusqu'à lui faire des plans genre sortie de mer à la Ursula Andress devant *Docteur No* ou strip-tease torride à la Kim Basinger durant *9 semaines*

1/2, vous avez sûrement de quoi transformer votre Droopy en loup de Tex Avery de temps en temps, non ?

Et enfin de l'humour. Afin de pimenter les situations, les épicer d'une façon drôle ou subtile, coquine ou dramatique, il faut de la finesse dans ses paroles et dans ses actes. Avoir de la repartie, du répondant, de la mauvaise foi, savoir jouer avec les mots, saisir l'occasion, posséder un esprit vif et d'à-propos, et surtout n'être jamais prise de court (ou du moins ne pas le laisser voir) sont les ingrédients indispensables pour séduire et arriver à ses fins en évitant toute médiocrité.

Les hommes adorent les garces, c'est bien connu. Mais les garces qui les aiment. Pas celles qui ne les aiment plus. En un mot, ils aiment les filles après lesquelles ils courent, pas celles qu'ils n'arrivent pas à attraper. Ou qui se sont déjà enfuies ! Une femme irrésistible qui leur résiste suffit souvent à les faire fondre. Car, selon l'expression consacrée, « il n'y a aucun mérite à investir une forteresse sans en avoir préalablement fait le siège »... C'est délicat, élégant, poétique... Tous les ingrédients sont réunis afin que notre orgueil d'amazone s'en trouve flatté ! non ? Investir la forteresse, et pourquoi pas assiéger le blockhaus pendant qu'on y est !

Ce n'est donc là un secret pour personne, nos partenaires de jeux préférés adorent qu'on leur tienne tête mais à condition de déposer les armes assez vite. Un peu c'est bien, mais trop c'est... garce ! Généralement, les insolentes qui n'ont pas froid aux yeux sont les femmes qui excitent le plus nos copains les bipèdes, mais attention, leur lâcheté naturelle fait que ce n'est pas avec ce genre de femme qu'ils choisissent de passer leur vie. Maîtresse oui, épouse non ! Sécurité, sécurité... famille oblige ! Remarquez, nous, sur ce coup-là, on dira rien, ça nous arrange !

D'une manière générale, les hommes aiment la loi du plus fort... tant qu'ils croient — ou qu'on leur laisse croire — qu'ils en sont les détenteurs. Après, cela ne les intéresse plus. Mais là, une fois encore, cela ne dépend que de vous et de votre pouvoir de séduction. Croyez-moi, les filles, une fois que vous aurez compris qu'on ne regarde pas les mecs d'un même œil quand on sent qu'on peut en avoir plusieurs, vous aurez déjà fait une bonne partie du chemin !

Dans le mot garcitude (inutile de chercher, ce n'est ni dans *Le Petit Poucet*, ni dans *Le Petit Robert*), il y a garce et solitude. La liberté impliquant la solitude (encore une grande phrase, tiens), la miss en question fait en sorte de ne pas avoir besoin de l'autre pour exister. Son mode d'emploi n'est pas pour autant égoïste mais plutôt individualiste. Même si son indépendance lui coûte cher, le prix à payer ne lui paraît jamais trop élevé. Pour s'en convaincre, il lui suffit de regarder tous ces couples qui croient vivre ensemble alors qu'ils ne vivent qu'à côté, se contentant de faire cohabiter leurs solitudes respectives qu'ils tentent de combler par des palliatifs serviles comme l'élevage de leur progéniture ou l'accession, à crédit, d'un affriolant petit pavillon de banlieue qui répète à mille et un exemplaires le même trois-pièces-cuisine. Mais ce qui l'en persuade le plus, c'est bizarrement de côtoyer des êtres qui se prétendent amoureux alors qu'ils ne sont tout au plus qu'animés d'une vague tendresse de nécessité. Pi-toyable !

C'est justement parce qu'elle ne supporte pas l'idée d'être condamnée un jour à effeuiller la marguerite dans le pot-au-feu, qu'elle pense qu'en amour, la seule façon d'être heureuse, indépendante et libre, c'est d'être garce. Être garce, ce n'est pas tendre, mais c'est naturel. Et puis, à bien y réfléchir, que les garces existent, c'est la chance des hommes, surtout lorsqu'ils en sont les victimes !

Primo, parce que cela leur fait du bien de tomber de temps en temps de leur cocotier.

Deuzio, parce que ces charmants petits démons les obligent à remettre leur machisme en question. Ce qui déstabilise pas mal nos irrésistibles coqs de basse-cour plus habitués à rencontrer des poules qui se pâment en gloussant à la recherche d'un poulailler confortable que des panthères sauvages ou des chattes difficiles à apprivoiser.

Troizio, parce que, de nos jours, la garce lui évite de passer pour un demeuré. En perdant une partie de ses rôles traditionnels, nos roudoudous de macadam se fragilisent... à une époque où tout se fait la cerise ! Sa virilité mise en accusation, son autorisé mise en porte-à-faux, dépossédé d'un pouvoir décisionnaire séculaire, depuis que la femme s'est émancipée, l'homme s'est vu dépouiller d'une partie de son empire. Les écolos l'empêchent de chasser, le sida lui interdit de papillonner, les guerres ne fabriquent plus de héros, l'armée n'engendre plus de machos. Allô maman, bobo !

Réduit désormais au rang de chômeur potentiel, de soupirant dérisoire et d'amant lamentable (le cher ange ne peut plus butiner), il ne lui reste plus qu'à s'accrocher avec toute la force de ses petits muscles à ce rôle de papa que l'on consent volontiers à lui laisser. Après avoir perdu sa vocation de chasseur (même s'il en a gardé le gourdin), sa charge de chevalier et pour finir sa fonction de justicier, voilà qu'on le cantonne dans un emploi unique : celui de papa-poulpe. Élevé au rang de secrétaire d'État aux biberons ou d'attaché parlementaire aux rototos, notre baby-father, version fin de millénaire, est chargé d'assumer de nouvelles et délicates responsabilités. À l'ère des couches-culottes jetables, il pousse le caddie dans le supermarché, est incollable sur le pourcentage de gluten contenu dans les petits pots, se plonge avec avidité dans la lecture de magazines pour y trouver le remède à ses angoisses, fume deux paquets de cigarettes le jour de l'entrée de son rejeton à la crèche et s'enfile deux whiskies secs lors de sa première vaccination...

Pauvre *homo non erectus* des temps modernes ! À part le football, la bière, la voiture et la télévision, il ne lui reste plus grand-chose pour s'exprimer ! Parfaitement à l'aise dans la bof génération, ses derniers signes de virilité se résument à son zap, à son laguiole et à sa zigounette (en parole, plus en action). Même ses fantasmes sont standardisés ! Finalement, le seul moment où cette petite unité carbone retrouve pleinement la conscience de son chromosome XY, c'est dans ses toilettes où, enfin seul, il peut lire son journal préféré, sans interférences (s'il n'a pas de téléphone portable, bien entendu) et devant *Stade 2* où il s'approprie, par tube cathodique interposé, les performances et les victoires des mecs « qui en ont »... encore. Dans cet univers impitoyable et parfaitement insipide, si en plus, au hasard de ses pérégrinations en train de banlieue, à la Fnac ou à la cantine de son boulot, il rencontre une garce, pour le coup, il aura tout perdu ! Pour plus d'information, voir le professeur Emmanuel Rath dans *L'Ange bleu* qui, après avoir été dépossédé de tout, va être dépossédé de lui-même par la troublante Lola !

Or c'est l'inverse qui devrait normalement se produire. Pour un homme, un vrai, et non une serpillière, c'est justement une chance d'apprentissage que de rencontrer une chipie pareille. Grâce à elle, il va pouvoir enfin découvrir le scandale au cœur de la vie...

Lorsqu'il en rencontre une, amusé, tenté ou séduit par ce genre de particule en action, le mec croit comprendre tout de suite à qui il a affaire, parce qu'à l'instinct, il repère un truc qui lui ressemble, qui fonctionne comme eux, pensant naïvement que sous l'imperméable il y a quelque chose comme un copain de régiment. Grossière erreur ! Car si de loin, ça peut passer pour, de près ce n'est pas ça, mais alors pas ça du tout ! Et lorsqu'il s'en rend compte, aïe, aïe, aïe, il est déjà accro, et du dixième avec terrasse, il se retrouve, sans passer par l'ascenseur, au dernier sous-sol, le nez scotché dans la poubelle !

Émoi, effroi, fascination. La garce jouant d'érotisme, au premier coup d'œil, l'homme est bluffé par l'apparence sexy de ce « diable en jupon ». Mais à l'usage, ce que nos amis les bêtes ont du mal à piger, c'est le décalage, la disconvenance, entre l'image que la garce donne d'une femme-femme et la volonté conquérante et virile qui l'anime. En refusant les rôles traditionnels, la garce se situe hors des rêves qui rassurent, loin de la trilogie femme de ménage — cuisinière — mère au foyer, mais en plein dans ceux qui contribuent à accroître le bordel ambiant et qui obligent à se réviser soi-même. Pour cette pauvre chose qui n'a pas l'habitude, elle représente donc un danger. En langue arabe, le mot qui désigne la beauté de la femme est le même que celui qui désigne le chaos, le désordre : *fitna*. Étonnant, non ?

Bref, la garce est la preuve vivante que la femme est complexe quand l'homme est souvent trop simple.

Parce que le désir transgresse tout, se promène partout, et à la manière d'un raz de marée emporte tout sur son passage, n'importe quel homme digne de ce nom peut succomber au charme d'une garce. L'alliance en or 18 carats, le huit-pièces avec vue sur la Seine au nom de Madame, Gaspard et Zoé, les doubles pare-chocs de la berline familiale, l'abonnement au bar à putes du coin, le divan Roche Bobois du psy, le magnum de XO de vingt ans d'âge, les cierges à sainte Rita ou les pèlerinages à Lourdes, tout cela n'y changera rien, car l'amour n'est qu'une des formes que peut revêtir le désir, une de ses modalités d'application. Ce qui submerge notre Apollon à roulettes, à cet instant précis, c'est plutôt un instinct de vie et ça, fatalitas ! Il ne sait pas lire la partition, encore moins la décrypter, à peine en comprend-il le titre : « Le désir, ses manifestations, sa vie, ses œuvres. » Mais quand ça lui tombe sur le coin du ciré, il se tape l'anticyclone et la dépression ! Ben alors ça, si j'avais su, j'aurais pas venu, moi... Trop tard !

De même que certains lapins n'apprécient qu'un seul calibre de carotte, certains hommes cherchent systématiquement la même sorte de petit rongeur. Parmi les différents animaux qui rôdent autour de la garce, on trouve : ceux qui veulent la vaincre, ceux qui cherchent à la subvertir et ceux dont la seule ambition est d'être maîtrisés. Pour faire court : les rapaces, les félins et les colombins.

Grands oiseaux fiers et libres, les rapaces aiment dominer. Les grands espaces en général, les brebis en particulier. D'envergure imposante, ils aspirent à vivre solitaires dans des lieux inaccessibles, nichant dans le couvoir des autres, ne se posant jamais longtemps au même endroit. Et, lorsqu'ils condescendent à piquer du nez vers la vallée, c'est uniquement pour dévorer toute crue une vacive bêlante qui s'est laissé niaisement hypnotiser avec dans les yeux un mélange de curiosité, de crainte et d'admiration pour le grand oiseau qui a surgi soudain dans son ciel sans nuage... Ça, c'est pour la théorie, parce que dans la pratique, entre la fonction naturelle des rapaces et leurs désirs profonds, il y a la réalité... et la S.P.A. (Société protectrice des agnelles) est formelle : les rapaces sont en voie de disparition ! En dehors de ces considérations ornithologiques, si on sait s'y prendre, ce n'est pas bien sorcier de les capturer. Demandez aux fauconniers ! Il suffit de presque rien, un peu de courage, beaucoup de patience, quelques beaux morceaux de viande agités sous leur bec afin de les mettre en appétit et hop ! Les aigles, même royaux, se posent là où on leur dit de se poser ! Fastoche. En plus, les oiseaux, même de proie, ça se bague.

Taquins, imprévisibles, épris de chair fraîche et de liberté, les félins, quant à eux, adorent jouer. En rut permanent, dès qu'ils aperçoivent une gazelle, ils grimpent aux arbres. Aimant la chasse, avant de poursuivre une antilope, histoire de la croquer, ils s'amusent avec elle. Pas jaloux, lorsqu'ils sont satisfaits et repus de leurs proies, ces gros matous indépendants et sauvages se lèchent les babines et au lieu d'enterrer les restes préfèrent les abandonner à l'air libre... on ne sait jamais, si ça peut faire plaisir à quelqu'un... D'instinct, ils se méfient de tout, reniflent les pièges, ne dorment que d'un œil et disparaissent à la moindre erreur tactique. Pour les approcher, la meilleure technique reste l'observation à distance associée à une bonne connaissance de leur milieu naturel. Surtout pas de précipitation ! Pour ne pas les effrayer, il faut du temps. Beaucoup de temps. Ne pas chercher à les apprivoiser, du moins pas tout de suite. Si on veut partager leurs jeux sans recevoir de coups de griffes ou les voir déguerpir sans espoir de retour au premier faux mouvement, il faut d'abord repérer et respecter leurs habitudes, se rendre sur leur territoire et attendre qu'ils se mettent en quête de nourriture... c'est plus dangereux mais aussi plus efficace et surtout beaucoup plus excitant. Après, on peut commencer à jouer. Mais pas à la peluche, ni au nounours, encore moins au papa et à la maman, non ! Avec eux, on joue au chat et à la souris, à chat perché ou encore à faire des galipettes dans l'herbe... Ces grosses boules de poils ne pensent qu'à s'amuser, mais à la condition expresse qu'on leur laisse l'espace nécessaire pour chahuter. Si on les parque, ils dépriment, deviennent féroces, agressifs et perdent ce qui faisait leur charme, leur pelage luisant, leur crinière sauvage, leur regard vif et leurs muscles bandés. Aucun intérêt ! Mais pas question non plus de les laisser vivre en totale liberté ! Trop dangereux. De nos jours, les félidés se raréfient tandis que les chasseurs prolifèrent ! Sans pour autant les enfermer dans un zoo, la solution la moins traumatisante pour eux semble être la réserve. Ils ont leurs copains, leurs copines, de l'espace et un frigo plein. Mais ne désespérons pas, les félins, ça se dresse. Aussi. Il n'y a que les dompteurs pour vouloir leur apprendre absolument à donner la papatte, les spécialistes, quant à eux, recherchent le contact pour préserver la personnalité et l'instinct de l'animal. Quant au dressage, là, tout le monde est d'accord, le plus important, c'est la récompense ! Il faut les féliciter, caresser leurs flancs, leur faire des câlins, s'occuper d'eux sans avoir peur de les laisser gambader à leur aise, pour la simple raison qu'un-félin-rassasié-ne-chasse-pas !

Reste les pigeons... pauvres petites bêtes ! Ils se contentent d'évoluer dans un périmètre imposé et étriqué, roucoulent bêtement, se rassasient des miettes qu'on daigne leur jeter et qui proviennent, bien évidemment, du festin des copains. Parfois, il leur arrive de s'envoler, comme des pigeons voyageurs... quand ils reviennent, c'est pour encore mieux manger dans la main !

En gros, les filles, ce qu'il faut retenir, c'est qu'il y a deux catégories de mecs : ceux dont le boulot est de féconder la terre, les laboureurs, et ceux qui en profitent, les braconniers.

Puisque l'on en rencontre dans tous les milieux, on est tenté d'en déduire qu'il y a plusieurs sortes de garces. Eh bien, pas tout à fait. Pour la simple raison que, de la garce populaire genre Arletty à la garce intellectuelle façon George Sand, la garce n'est pas un comportement, mais un état, un destin. Prométhéen. Si les modes de fonctionnement diffèrent selon le milieu, le but recherché reste le même. Dans le cas de la garce populaire, chez l'homme qu'elle veut séduire, elle va flatter la force et la virilité, tandis que la garce intellectuelle louangera son égocentrisme. Si les appâts sont différents selon les mecs à qui l'on a affaire, la nature des enjeux et les retombées sociales ne sont innocentes nulle part. Chaque cas étant spécifique, les modalités du jeu changent à chacune des rencontres mais s'inscrivent toujours dans un même besoin : celui de plaire. De la rue au château donc, il n'y a que le papier cadeau qui change. À l'intérieur, c'est tout pareil !

Dans la mesure où leur séduction envahit tout, la forme et le langage, la substance et le réseau social, on peut en croiser n'importe où, dans le caniveau, au casino, au boulot, au restau, à une expo, en disco, au dodo... Elles sont partout !

Mais il est vrai que certaines professions les attirent plus que d'autres. Si on en trouve pas mal du côté des professions en *-euse :* vendeuse, shampouineuse, chanteuse, entremetteuse, auto-stoppeuse, baroudeuse, paresseuse, la proportion la plus considérable se trouve bien évidemment dans tout ce qui touche de près ou de loin les *-isto :* journaliste, styliste, artiste, publiciste, touriste, opportuniste... Un rien marginale, c'est dans les médias, presse, cinéma, théâtre, mode et chanson, qu'on en croise le plus. Et dans ces milieux, attention, une garce peut en cacher une autre !

Oui, mais alors... Comment la reconnaître ?

Physiquement désirable, elle a un sein à la place du cœur (rassurez-vous, cela ne sous-entend pas qu'elle ait tenu un arc et des flèches avant de vous connaître ou qu'elle vous fera honte lorsqu'elle fera du mono sur la plage). Si elle ne possède pas de look particulier (elle remplit aussi bien un 501 qu'une robe d'Alaïa), certains de ses comportements sont, en revanche, révélateurs de sa garcitude. Quand elle porte un soutien-gorge, c'est forcément un Wacoal, un Wonderbra ou un Ultrabra — si elle est perverse, elle a un Braza-Bra, lance-pierre invisible qui scotche les seins et permet aux mecs de fantasmer sur leur tenue. Signe astrologique : Chipie ascendant trouble-fête, elle fredonne souvent « Confidence pour confidence » de Jean Schultheis, sa chanson fétiche. Son livre de chevet est le *Dictionnaire du Diable* d'Ambrose Bierce. Si vous partagez quelque peu son intimité, tâchez de jeter un coup d'œil sur son Filofax. Elle ne l'utilise pas forcément de la même façon que vous. Que vous trouviez plus de prénoms masculins que féminins ne doit pas vous étonner, l'infidélité étant un métier, l'embouteillage amoureux est à l'ordre du jour. Mais c'est à sa manière de classer les noms dans son agenda que vous aurez la preuve de sa garcitude. À la lettre A, vous trouverez non pas Antoine mais American Express ; pour elle, B ne veut pas dire Bernard mais baiseur, C ne sera pas Claude mais chauffeur, J n'est pas Jacques mais Jaguar, P non pas Pierre mais pigeon et ainsi de suite... Plutôt sympathique comme classement, non ? Étrangement la garce est soumise à des interdits alimentaires : pas de carottes, ça rend aimable, et jamais d'huîtres, c'est trop bon pour la mémoire.

Professionnellement, on la repère très vite à sa façon de transgresser les lois de la hiérarchie sociale. Affublée d'un tailleur (dont les couleurs sont coordonnées à son Wonderbra), d'un Mulberry, d'un Mont-Blanc et d'un attaché-case avec son plan de carrière à l'intérieur, elle est toujours à l'affût d'une avance ou d'une promotion. *Career girl* dans l'âme, elle fera tout pour atteindre son but, pour être au top. Du genre « pousse-toi de là que je m'y mette », la garce n'est pas une arriviste, elle veut y arriver, nuance ! Il va sans dire que, pour atteindre son objectif, elle ne recule devant rien. Elle peut aller jusqu'à coucher avec n'importe qui, un vieux, un riche, un gros, un moche et pourquoi pas un vieux-riche-gros-moche ! Mais chez elle, cela reste très louable car, à l'inverse de beaucoup d'autres femmes qui le font sans pour autant l'assumer, la garce ne s'en cache pas, cela fait partie de sa liberté. Dans le boulot, on rencontre principalement deux sortes de garces (avec bien sûr toutes les variantes possibles) : côté pile, la semeuse de zizanie, côté face, celle qui se fait haïr par tous, sauf par son boss. Dans la première version, c'est la fille sympa du bureau. Copine avec tout le monde, son truc c'est de dresser ses collègues les uns contre les autres en entretenant savamment les potins, les ragots et les médisances. La moindre confidence, le plus petit bruit de couloir deviennent, entre ses mains, des armes à double tranchant dont elle usera subtilement de façon à ce que les fusillades n'aient pas l'air de venir de son camp retranché. Quand tout le service se sera transformé en véritable champ de tir par ses soins, en restant en dehors de la bataille, elle incarnera auprès de son boss l'employée modèle, l'exemple de sang-froid et de dignité, qui fait preuve d'une bonne volonté évidente pour contribuer à la ratification de l'armistice... Nom de code de l'opération : Avancement !

Deuxième archétype : l'opportuniste. Discrète, efficace, hypocrite à la limite du paillasson, cette dernière se fout éperdument de ce que peuvent penser d'elle ses collègues, dans la mesure où le patron, lui, l'a à la bonne. Pour y arriver, son premier boulot est de lui montrer que professionnellement on fait le poids. Le matin, elle se pointe au bureau avec le dossier-qu'elle-a-étudié-la-veille sous le bras et fait en sorte que cela se sache, pose négligemment *Le Monde diplo* sur la table, dit « nous » en pensant « je », s'enfile un sandwich-Contrex pendant que les autres vont se taper la cloche à la cantine — s'arrange pour qu'*il* le remarque — et se débrouille pour débaucher le plus tard possible, c'est-à-dire en même temps que le boss, histoire de faire causette avec quelqu'un dans l'ascenseur. Si par-dessus le marché, on fait bien ce pourquoi on a été engagé, c'est dans la poche. Ensuite, par des remarques d'apparence anodine, des allusions perfides et des questions fourbes, jetées ici et là, la sournoise va mettre le doute dans l'esprit du chef sur celui ou celle qu'elle souhaite évincer en profitant de l'occase pour se mettre en valeur. Tous les ingrédients sont à présent dans la poêle, il suffit de laisser mijoter... Mais en surveillant la cuisson de temps en temps et en rajoutant, au besoin, quelques soupçons de langue de vipère, un peu de bave de crapaud et une pincée de fiel. En attendant que le maître de maison l'invite à passer à table... Nom de la recette : roulé de croque-monsieur !

Et maintenant, pour la séquence observation, je vous engage à abandonner le masque et le tuba au profit de la combinaison et des bouteilles, juste pour aller voir ce qui se passe dans les eaux plus troubles de l'océan de la garcitude...

Dans sa version mondaine, c'est dans les vernissages et autres cocktails coincés que la densité de BCBG (Bon Chic, Bonne Garce) est la plus importante. Sévissant dans les boutiques de haute couture, chez les coiffeurs et dans les instituts de beauté, ce modèle exclusif est aimable comme un chardon et snob comme dix pots de chambre réunis. Elle circule en Austin verte ou noire, ne prend jamais de dessert au restaurant, va « bruncher » le dimanche mais seulement lorsqu'elle ne part pas en week-end, passe ses vacances en Normandie ou sur la côte Basque avec ses amis, connaît tous les trucs pour dépenser l'argent des autres et possède une bible réactualisée chaque année : le *Who's Who*. Faisant en sorte qu'on la voie et qu'on l'invite partout (enfin, uniquement là où le carton est obligatoire), elle profite de monsieur Noye pour rencontrer monsieur Delanoye dont elle se servira pour se faire présenter à monsieur Delanoye de Coco. L'esprit aussi allégé que les yaourts qu'elle avale pour ne pas grossir, elle est abonnée à *Gala* et à *Coin de Rue Images Immondes,* elle est incollable sur tout ce qui est « pipole » et si le « *name drooping* » n'a aucun secret pour elle, la garce mondaine excelle dans l'art de savoir ce qui est *in* et ce qui est *out.* Les soirées privées chez Régine *in,* le Club Olivia Valère *out,* la nuit des Clans *in,* la fête à Neu-Neu *out,* le fitness du Ritz *in,* le Gymnase Club *out.* Voyant dans toutes ses copines une rivale potentielle, dans ses moments de grande amitié, cette chichiteuse est capable de vous lancer devant un public choisi : « Sympa ton sac Vuitton, il vient du Maroc ? » ou « mais ce n'est pas ta crème qui est grasse ma chérie, c'est toi » ! Sa phrase leitmotiv : « Je n'ai rien à me mettre ! », mais l'histoire ne dit pas si c'est sur le dos, ou sous la dent...

La garce intello, quant à elle, aime briller, séduire par son esprit, sa culture et son dernier lifting. Elle fréquente des artistes (connus de préférence), triomphe dans l'art de les flatter afin de recueillir une parcelle de leur pouvoir social, a horreur de la FIAC parce que l'on y voit tout le monde, mais s'arrange pour ne jamais en manquer une, s'ingurgite toutes les avant-premières, les générales, les concerts, adore tout ce qui est d'avant-garde, et se débrouille pour que l'on pense qu'elle est terriblement excentrique parce qu'elle ose porter une veste Scherrer avec un jean ! Elle adore les bijoux Arts déco, la musique de Webern, le théâtre d'auteur, a lu le dernier Auster dans le texte et le Ginette Mathiot aussi, mais dans sa voiture est du genre à brancher NRJ pour écouter le dernier tube de Bruel !

La reconnaître au cours d'un dîner est facile. Elle vient généralement seule (après avoir demandé à la maîtresse de maison le pedigree de ses hôtes) et possède une personnalité affirmée. Tout au long du repas, c'est elle qui animera la conversation tambour battant avec beaucoup de finesse ou de provocation. Sous le charme, les convives n'auront d'yeux que pour elle — ce qu'elle aime plus que tout. Avec la même aisance, elle est capable de parler de l'absence de préservatifs dans les films pornos ou de la dernière expo de l'Institut du monde arabe. Comme ce n'est pas le toupet qui l'étouffe, il n'y a qu'elle pour lancer devant toute une assemblée qu'un mec digne de ce nom n'est pas fait pour payer le loyer ou la nourriture, parce que ça c'est à la portée du premier crétin venu, mais pour offrir les billets d'avion en first, la voiture, les tailleurs, la lingerie, les bijoux, les palaces, les livres, les caprices. Tous les caprices. Ah, et puis elle est forcément végétarienne ou bouddhiste. Ou les deux. Mais ceci n'est qu'une attitude immunogène paroxystique. Et vice versa...

Moins fréquentable mais beaucoup moins peste, le genre garce populaire. Maquillée comme une voiture volée et sapée à la dernière mode de chez Tati (mais deux tailles en dessous), on la rencontre, la semaine, dans les « rab » à flipper de Besbar, le vendredi soir à la cafétéria Casino et le samedi après-midi dans la galerie commerçante d'Auchan. Ses fréquentations, genre United Colors of Benetton, ne sont pas des amis mais des « potes ». D'ailleurs, cet étonnant spécimen dont l'éternel souci est la « tune » ne fait pas de shopping, mais « chourave », ne fume pas, « clope », ne fait pas pipi mais « égoutte la sardine ». Peu encombrée par son éducation, cette *baby doll* pour camionneurs se permet tout ou presque. Son charme lui vient de son côté voyou, car cette vaurienne n'a peur de rien et surtout pas du ridicule. C'est certainement la plus douée pour vous tailler un costard trois-pièces-cuisine sur mesure « ente quat'z'yeux », grâce à un vocabulaire qui s'enrichit à la fois de l'argot de Paname et d'un verlan affreusement beurré...

Le garçon manqué. Genre Vénus en godillots, cette petite futée au sourire dentifrice et au look Hollywood chewing-gum parcourt le vaste monde au gré de ses rencontres. Le soir, elle s'endort à côté d'un mec dans une pension de famille minable à Istanbul, le lendemain, elle dîne avec un autre dans un somptueux yalé face au Bosphore. Au Cap-Vert, on lui propose de voguer vers les Antilles, à quelle heure appareille-t-on ? On lui prête une villa à Saint-Barth, elle la transforme en favela de Rio. Elle donne rendez-vous à un pote à Marbella, pendant qu'il poireaute sur la place des Orangers en la cherchant des yeux, la miss se dore la pilule à Phuket... Baba cool à Goa, baroudeuse à Ventiane, surfeuse à Hawaii, femme entretenue à Mykonos ou moussaillon sur la mer Rouge, elle est toujours sur les bons plans, faisant confiance au hasard et à son joli minois pour être bronzée toute l'année et vivre en perpétuel décalage horaire. Gratos. Elle est prête à suivre n'importe qui à condition que son compagnon de voyage l'emmène loin de la carte orange et des tickets restaurant. Chevalier de la table des autres, elle ne dit jamais merci et s'en va comme elle est arrivée, avec son sac sur l'épaule.

6.
Garce, mode d'emploi

Attention cette chaudière est garantie à vie. Notre objectif : cent pour cent de clients satisfaits... dès la livraison ! Mais, malgré nos efforts, nos services ne sont pas infaillibles. Pour des raisons indépendantes de notre volonté, si vous avez des problèmes d'utilisation ou de manipulation, appelez une dépanneuse ou allez vous plaindre au fabricant !

Mon conseil : **Pour éviter d'abîmer le matériel, respectez les consignes de sécurité !**

Petite est la vipère ; sa morsure tue un énorme taureau...

Ovide

On peut devenir garce du jour au lendemain. Par « simple » désir de vengeance. Dans ce cas, avant d'agir, commencez par oublier vos scrupules, votre éducation et vos bonnes manières... juste pour vous offrir le luxe d'être la garce qu'*il* mérite !

Au moment où vous allez prendre la décision de retrousser vos manches afin de mettre en œuvre votre stratégie guerrière, si vous le trouvez encore irremplaçable, dites-vous, en toute simplicité, que dans le monde, deux milliards et demi de femmes vivent sans votre Jules et s'en trouvent très bien...

Ah, ça, bien sûr, si vous ne cessez de vous répéter que c'est la faute à pas d'pot et que vous persistez à dépenser tout votre argent de poche en boîtes de Prozac, il vous reste la solution du suicide mais cela fera beaucoup de peine à votre mère qui, pour une fois, n'y est pour rien. Tiens, si cela peut vous consoler, sachez qu'à cinquante ans, un pavillon de banlieue et deux enfants, on ne trompe pas de la même manière qu'à quarante ans, un atelier d'artiste et deux brosses à dents.

D'abord, à trente ans, on ne trompe pas, on tire un coup. À quarante ans, on ne va pas voir ailleurs, on vit une aventure. À cinquante ans, on n'a pas de liaison, on s'installe dans une histoire. À soixante ans... À soixante, franchement, ce n'est plus la peine de vous inquiéter, l'andropause a déjà fait son boulot et votre rivale est certainement plus avec lui pour son chéquier que pour ses performances sexuelles !

Encore un épisode de la vie des bêtes, ni plus ni moins !

Évidemment, si vous avez le nez collé sur l'aquarium, c'est normal que vous buviez la tasse, mais vu de loin, je vous assure que vous pouvez garder votre sérénité... Songez un peu que si ce pauvre garçon en est arrivé là, c'est parce qu'il sent bien que pour lui c'est la dernière station avant l'autoroute. Après ceinture ! Car, au fond, s'il ne sait pas résister à l'appel de la Nature, c'est qu'il a conscience qu'il ne lui reste que quelques petites semaines devant lui et que son capital de séduction devient étroitement proportionnel à son capital tout court... Cela dit, ce n'est pas une raison pour ne pas lui régler son compte, mais sans pour autant procéder à une remise de dette ou à un échelonnement, puisqu'il est à découvert, c'est le moment de lui faire payer les agios !

Mais ce désir de vengeance n'intervient généralement qu'après avoir été nourri d'incertitudes, de présomptions, de cruelles angoisses aboutissant à un ras-la-casquette intégral. À la goutte qui va faire déborder le vase. Au départ, il y a les symptômes. Alimentés d'une façon plus ou moins régulière de faits et de gestes inhabituels qui vous étonnent de la part de celui qui partage votre quotidien. S'il troque du jour au lendemain son slip kangourou pour un caleçon-paréo, s'il vide son flacon de parfum en une semaine alors qu'auparavant, son soixante-quinze centilitres lui tenait jusqu'à Noël, s'il vous appelle « mon bébé d'amour » alors qu'hier encore, vous aviez droit à un vague « bonsoir, rien de neuf ? », c'est qu'il culpabilise de vous cocufier. Qu'il soit directeur général à Paris ou adjoint au maire à Carbon-Blanc, les mecs fonctionnent tous pareils, il est temps pour vous d'ouvrir l'œil et, si c'est votre truc, son placard.

Avant il bossait comme un malade, maintenant il trime comme un forcené. Coups de fil d'un collègue féminin au domicile, retards accumulés, rendez-vous de dernière minute, dossier à remettre d'urgence pour le lendemain, embouteillages, pannes d'essence, contrôles de police, gardes supplémentaires pour remplacer machin dont la femme a eu un malaise, retrouvailles inopinées avec un copain d'enfance... Autant d'imprévus bidons — cela peut être plus ou moins compliqué selon à qui vous avez affaire — qu'il va noyer dans des explications aussi affligeantes que rocambolesques. Et pourquoi pas un kidnapping de ratons laveurs ou une interview exclusive avec Madonna venue incognito passer ses vacances au Cannet-Plage pendant qu'on y est ? Pour ce genre de mensonges, sachez, mes sœurs, que l'imagination n'a pas de limite et surtout — les hommes le savent bien — que plus c'est gros et plus ça marche. Mais là, nous en sommes toujours au « y'a quéke chôse qui cloche »...

Vient ensuite le temps où le phénomène des coïncidences se transforme en véritables symptômes. À ce stade, il y a répétition, récidive. Les contretemps s'accumulent, les explications s'interfèrent. Il a la trouille, alors il bafouille, bredouille, magouille, s'embrouille... jusqu'à la ratatouille ! Bref, pour lui cela devient moins que clair et pour vous carrément obscur ! C'est alors que vient tout naturellement le temps des recoupements avant d'atteindre celui, plus néfaste, des quasi-certitudes.

Le temps n'a pas grand-chose à voir là-dedans, tout va dépendre des circonstances, des événements, de vos dons d'observation, de votre instinct et surtout, de votre degré de jalousie !

Le problème majeur, c'est qu'il n'y a pas plus aveugle que celui qui ne veut pas voir. Et comme votre Jules, vous l'avez dans la peau (avant de l'avoir dans le collimateur), pour vous, le doute subsiste toujours. C'est affreux, le doute. Ça s'insinue dans votre esprit, ça met tous vos sens en alerte, ça offre l'occasion de tout interpréter, les gestes, les mots, les silences et les comportements. Pour rien, pour tout, pour rien du tout. Le doute, c'est du vide plein de questions. Peut-être, sûrement, oui, non, j'sais pas, pourquoi moi, allô Macha, aidez-moi !

Vous n'avez aucune preuve formelle ? C'est mieux. Le contraire serait plus embêtant. Parce que s'il vous en parle, c'est que ça sent déjà le pâté cette affaire-là ! En langage de mec, il est en train de vous dire qu'il va bientôt vous larguer. Alors, au lieu de vous lamenter sur votre sort d'épouse ou d'amie fidèle, de vous ronger les sangs en vous posant des questions auxquelles, de toute façon, vous ne pourrez pas répondre, d'augmenter votre consommation de cigarettes, de collectionner les tubes de somnifères, de vous venger sur le frigidaire, de vous empiffrer de Figolu et de gaspiller pour rien vos sécrétions lacrymales en l'attendant... *agissez !* Pas forcément pour le quitter mais juste pour lui dire : *attention, j'existe mooaaa aussi !*

Ah non alors ! les larmes de crocodile c'est sympa, mais juste sur les polos et parce que cela ne se voit pas ! Ce n'est pas en s'apitoyant sur son sort qu'on l'améliore d'une part, et d'autre part, je vous interdis de le culpabiliser en lui faisant du chantage affectif genre « si tu me quittes, je me tue ». C'est tout à fait dégradant donc indigne de vous et puis... on récupère rarement l'amour d'un homme en jouant sur ses côtés saint-bernard sauf, bien évidemment, si vous avez pendu autour du cou un tonneau rempli de pétrus 61, mais là, c'est une autre histoire.

À ce stade-là, il ne vous reste plus que deux solutions : la vengeance ou le couvent.

Vous avez choisi la première solution? Mes félicitations ! Cela prouve au moins que vous n'êtes pas incurable. Sans aller jusqu'à lui mettre du bromure dans son Lynch Bages ou le menacer avec un Beretta automatique, vous n'avez désormais plus le droit d'être médiocre au point de pratiquer la politique de l'autruche en vous trouvant des prétextes bidons que d'autres ont utilisés avant vous pour justifier leur infortune sentimentale. Mais comme on n'est rien que des filles, même si je vous dis que fouiner dans son armoire, son attaché-case ou son pantalon à la recherche d'un indice, genre cheveu sur une veste, billets de théâtre oubliés dans une poche, parfum capiteux sur ses cols de chemise, ou vérifier scrupuleusement ses talons de chèque ou ses relevés de carte bleue, c'est mesquin, pas très classe et surtout pas très rock and roll, vous le ferez quand même, alors... *faites-le !*

Deux cas de figure vont alors se présenter. Ou vous n'avez rien déniché, ou vous venez de mettre la main sur *l'indice,* celui que Sherlock Holmes lui-même vous envierait.

Premier cas : vous n'avez rien trouvé. Ouf ! Ce n'est pas encore la peine de prévenir la famille ! Mais, mais... méfiez-vous quand même des conclusions hâtives. Ce n'est pas parce que vous rentrez bredouille qu'il n'y a pas de gibier autour ! Vous avez peut-être affaire à un animal mé-ti-cu-leux !

Vous avez trouvé quelque chose? Alors là, ça se complique un peu. Si, dans un premier temps, il est légitime que vous cédiez à la colère ou à l'abattement (mais pas plus d'une boîte de kleenex et une bouteille de vodka, après, c'est du gaspillage ou de l'autodestruction), dans un deuxième temps, il est important que vous repreniez vos esprits, parce qu'à partir de tout de suite, des heures sup, vous allez en faire kék'zunes !

Avant toute chose... Ne jamais céder à la panique

ambiante, *du sang-froid !* Agir sous l'empire de la passion est la pire des choses à faire. Au lieu de vous ruer sur le minitel pour taper le 36.17 Code « je divorce » ou de le harceler de questions avec l'halogène dans les mirettes dès qu'il aura franchi le seuil de la porte d'entrée, commencez par ré-flé-chir. Pour cela, le meilleur moyen reste encore de vous servir un double Dimple-glace avant d'aller vous vautrer, avec vos chaussures, sur le canapé du salon. Entre deux vapeurs d'alcool, vous allez vite prendre conscience qu'avant de lancer le compte à rebours, il serait peut-être bon d'entamer avec lui un vrai dialogue. Un vrai dialogue, c'est deux points de vue et trois points de suspension. S'il nie tout en bloc avec un regard de veau nourri aux hormones, c'est un lâche, allez-y carrément, il mérite une bonne leçon de savoir-vivre.

Pour que votre revanche soit efficace, il faut, je le répète, frapper là-où-ça-fait-mal ! Soyez fourmi plutôt que cigale. Et surtout, prenez votre temps ; comme dit le dicton populaire, la vengeance est un plat qui se mange froid ! Mais quoi qu'il advienne, soyez toujours à la hauteur de la situation. On arrive toujours à se nourrir, mais avec les mêmes ingrédients, on peut soit se remplir la panse, soit faire un repas gastronomique. Tout est dans la manière. Le fait de vouloir vous venger ne vous donne pas le droit de faire n'importe quoi. Laissez cela aux féministes et aux imbéciles. En un mot, gardez de la mesure en évitant absolument la bassesse et la mesquinerie. Une fois que vous l'aurez coincé entre le linoléum et la dalle en ciment, il sera temps d'arrêter, après, cela ne tient plus de la vengeance mais de la persécution. C'est petit d'aller très loin...

Soyez fine, à la limite de la perversité, sachez lire entre les lignes. Il troque ses pantalons de flanelle contre des bermudas fluo et ses chemises Façonnable contre des tee-shirts Quick Silver ? Déduction : il cherche à se rajeunir, elle est donc plus jeune que lui ! Il ne se sert plus de ses tickets restaurant ? Déduction : elle vit seule et il la retrouve entre midi et deux ! Il se met subitement à la muscu et arrête de fumer : c'est une sportive ! Il troque sa vieille cacugne moteur Diesel contre une voiture électrique : c'est une écolo ! Il s'abonne à la *Quinzaine littéraire* alors qu'auparavant, il sautait les pages culturelles de *L'Équipe :* c'est une intello ! Fastoche ! Vous voyez déjà comme tout s'éclaire !

Bon, alors ça y est, maintenant vous voilà fixée ! On se sent beaucoup plus à l'aise une fois que l'on a identifié ses adversaires, n'est-ce pas ? Les questions qui viennent à présent à l'esprit sont essentielles quant à la suite des événements.

Question n° 1 : Comment agir ? Est-il préférable de l'affronter de face ou d'user de moyens détournés ?

Question n° 2 : Vaut-il mieux y aller seule ou s'entourer de complices ?

Eh bien là, encore une fois, c'est... comme vous le sentez ! Si votre acte ne doit pas être forcément signé, il serait stérile de le laisser dans l'anonymat le plus complet. Faites en sorte que votre danseur de lambada nourrisse le doute que vous y êtes au moins pour quelque chose. Et si vous prenez le parti d'employer des complices pour mener à bien votre boulot, soyez circonspecte dans vos choix. La règle d'or en la matière est ni votre mère, ni votre meilleure amie, ni tante Sarah, ni votre concierge.

Attendre le moment où il ne vous sautera plus pour sauter le pas est, à mon avis, une méthode aléatoire. Le simple fait qu'il vous trompe comme Babar devrait vous suffire pour lui déclarer la guerre sans déclaration et, au dire des grands conquérants, la meilleure défense reste l'attaque. L'anticipation.

Alors si vous êtes du genre « expédition rapide » et que vous n'êtes pas mariée ou n'avez aucune responsabilité, larguez-le ! Mais attention, pas n'importe comment. Dans la mesure du possible, faites-le dans les règles de l'art. C'est là que réside d'ailleurs toute la différence entre une garce et une autre femme.

Par exemple, pour une rupture, *investissez !* Avant de le voir pour la dernière fois, allez chez le coiffeur, mettez votre robe la plus sexy et changez de parfum (c'est un truc déstabilisant qui lui prouve que vous êtes déjà en train de changer d'habitude) ou offrez-lui, en guise d'adieu, le dernier roman de la collection Harlequin en lui disant qu'ainsi, il pourra de nouveau se remettre à une lecture cursive, en suivant les phrases l'index et les lèvres en synchro, comme il le fait si bien. Ou le roman *Crime et châtiment*. Parce que c'est très beau à colorier.

Dans la mesure du possible, évitez les phrases toutes faites du genre « dans les cours de ferme, j'ai vu courir plus intelligent que toi » ou encore « entre nous, ton baobab c'était plutôt un bonsaï »... *minable !*

Faites un effort, soyez spirituelle ! Ayez l'art du compliment humiliant du genre : « tu baises comme tu bouffes : nouvelle cuisine » ou des petites phrases imagées qui assassinent, du style : « ça me gêne d'avoir à te le dire, mais tu ressembles à une pantoufle, on est bien dedans, mais pour sortir avec, c'est pas génial » ou encore « avant de te quitter, je tenais absolument à te laisser un souvenir, et comme je suis trop bien élevée pour avoir le sida, je viens de te confier mon herpès génital » !

En revanche, si vous sentez que c'est lui qui va vous plaquer, commencez à préparer votre armure. Inutile de prévoir la scène, elle ne se passe jamais comme prévu. Laissez-le ensuite amener le sujet sans l'interrompre, juste pour vous délecter de sa façon de s'embourber ou histoire de jauger ses capacités de metteur en scène, de dramaturge. Il y a deux écoles : Mesguich ou Vitez.

S'il est du genre lyrico-baroque, pas la peine d'allumer

la télé, vous allez vivre Pradel en direct ! En revanche, s'il est d'une rigueur plutôt janséniste, il y a des chances pour qu'il vous la joue « chaîne du froid », jusqu'à vous faire un package surgelé-emballé-sous-vide. Mais, dans tous les cas de figure, attendez-vous à ce qu'il vous fasse *la totale !* Comme ça, au moins, quoi qu'il arrive, vous ne serez pas prise au dépourvu quand la bise sera venue...

En ce qui vous concerne, quels que soient les chemins qu'il aura empruntés pour atteindre son but, c'est-à-dire vous larguer, un seul écueil à éviter : la faiblesse. Si vous sentez que ça va déborder, que vous êtes au bord de la conjonctivite aiguë, que vous avez du mal à maîtriser la situation, soyez forte, pensez aux copines ! Ne lui laissez en aucun cas la victoire de vous avoir plaquée. Et puis quoi encore !

Lorsqu'il vous dira « entre nous, c'est fini », au lieu de vous mettre à remplir votre assiette d'eau salée ou de lui répondre bêtement « poil au kiki ! », pourquoi ne pas lui rétorquer sur un ton huile d'olive : avec elle ou avec moi ?

Maintenant c'est dit, c'est dit, cochon qui s'en dédie ! Au lieu d'essayer de retapisser les murs de la chambre à coucher du petit, ou de recoudre l'accroc avec du fil à couper le beurre, ravalez votre chagrin en pensant à la maxime d'Oscar Wilde : « Les passions de ceux que l'on a cessé d'aimer semblent toujours ridicules. » Parce que les copines, inutile de vous voiler la face, les mecs sont tellement lâches qu'ils ne quittent jamais une femme sans en avoir une de rechange. Question d'hygiène et... de sécurité !

Si, par malheur, vous aviez le nez bouché et que vous n'aviez pas senti le vent de la rupture venir, sans décodeur, que vous avez rejoint le cimetière des ex malgré vous, afin d'éviter la sinusite chronique, les trucs à ne pas faire :

— interroger votre répondeur toutes les cinq minutes au cas où il aurait appelé ;

— laisser quarante douze messages sur le sien avec une voix de grenouille éplorée du genre « on peut pas se quitter comme ça », « qu'est-ce que je dois dire à maman ? », « quand viens-tu récupérer ton courrier et ta brosse à dents ? » ou pire, l'affligeant « restons bons amis » ;
— le traiter de tous les noms dès le bip sonore ;
— planter la tente devant le téléphone ;
— vous pointer chez lui à l'improviste en hurlant comme une harpie ;
— aller gratter à sa porte en couinant ;
— débarquer chez lui en lui tendant le mixer des deux mains avec les doigts décorés de pansements.

Et surtout, sous couvert de voir le mot *The End* apparaître avant de prendre la décision de quitter définitivement la salle de cinéma, ne jamais lui demander de prendre un café avec vous. Parce que, alors là, bonjour l'angoisse ! Pendant que vous lui déballerez les lettres de votre scrabble sentimental ou chercherez à comprendre le pourquoi du comment, il va passer son temps à regarder le fond de sa tasse, vos voisins de table, la porte du bar ou sa montre (si c'est une Reverso, il va même en tripoter machinalement le cadran, ce qui est déjà en temps normal très agaçant) et pour le coup, si vous ne sortez pas ravagée de ce genre de rendez-vous, c'est qu'il est temps de changer la pile de votre pacemaker !

Tout faux ! Si vous faites ça, c'est le meilleur moyen pour qu'il comprenne que vous êtes accro et comme il le sait déjà, vous n'êtes pas plus avancée.

Dites-vous plutôt que, dans son appart, tout lui parle de vous, y compris la pinasse en bois peint, souvenir du bassin d'Arcachon qui trône sur son frigidaire et que vous lui aviez offert le soir de votre poussée d'acné ou encore les griffures dans le bois de son lit, témoignage autobiographique d'une de vos nuits particulièrement exaltées. Et puis... il n'est pas devenu subitement amnésique, votre

Jules ! Un peu de jugeotte, voyons ! Si vingt ans après, il se souvient encore du nom de son copain de classe de sixième, c'est que sa mémoire est encore suffisamment aiguisée pour se souvenir de vous une semaine après ! Alors, que les choses soient claires : s'il ne vous appelle pas, c'est qu'il ne le veut pas ! S'il ne donne pas signe de vie, c'est qu'il n'a pas envie de vous voir ! Ou alors qu'il est mort ! (Ça arrive à d'autres après tout !) Bref, s'il vous évite alors qu'avant il connaissait tous les raccourcis pour venir ronronner le plus vite entre vos jambes, il n'y a pas à tortiller, c'est qu'il veut que vous lui foutiez *la paix !*

Il vous a quittée pour une huître qui n'est jamais sortie de son parc ? Au lieu de souhaiter qu'elle se fasse enlever par le P.K.K. et que ses parents n'aient pas les moyens de payer sa rançon (ce qui arrive rarement), pensez que le temps qu'il lui apprenne tout ce que vous savez déjà, il aura dû changer deux fois la photo de sa carte vermeil !

Il vous a balancée pour une pétasse dont la bouche et le décolleté pigeonnant le mettent dans un état proche de « l'Oklacoma » ? Imaginez la secrétaire médicale en train de recevoir les clients et prendre des rendez-vous dans un espace de dix mètres carrés. Pauv'fille ! Elle s'enquiquine tellement dans son boulot qu'elle n'a trouvé que ça pour tromper son ennui et dans quelque temps, votre ex.

Il vous a larguée pour une intello friquée au look bohème du VIe arrondissement ? Au lieu de passer vos soirées à vous ingurgiter toute la Pléiade en ruminant qu'elle est plus intelligente que vous, pensez plutôt à la tête qu'elle fera lorsqu'elle recevra la première carte postale ou le premier mot d'amour qu'il lui enverra !

Alors po-si-ti-vez ! Dites-vous, par exemple, qu'il vaut mieux qu'il vous ait quittée pour « L » plutôt que pour « Lui », ça fait moins désordre sur votre C.V. amoureux, et puis que c'est pas mal après tout parce qu'à partir de maintenant jusqu'à désormais inclus, fini le cauchemar dominical du déjeuner chez les beaux-parents avec le sacro-saint gigot-haricots, plus de dîners insipides avec ses collègues de bureau trisomiques, plus de week-end forcé chez la tante « pétée de blé » qui n'a pas d'enfant, terminé les sorties dans les boîtes d'échangistes et les parties de jambes-en-l'air où il vous demandait de vous pendre au lustre en faisant ouah-ouah. Tout ça à la niche ! Basta les corvées et la dictature du couple... Rattrapez-vous, tout ce qu'il vous interdisait, faites-le !

Quelle veinarde ! vous allez enfin pouvoir remettre vos doigts dans le nez en public, faire pipi la porte ouverte, ressortir avec les copines, draguer votre nouveau voisin de palier, rentrer de boîte à l'heure où sortent les poules, fumer des cigarettes qui font rire, rouler vos tampax vous-même, manger directement dans la casserole ou commencer vos repas par le dessert... Youpi !

7.
Des idées pour devenir une parfaite garce

Recettes pour petites et grandes occasions.

Dans l'élaboration de vos menus, votre préoccupation constante sera de respecter les règles de l'art culinaire. Le manque d'harmonie entre la présentation et la saveur d'un plat peut gâcher l'un et l'autre. Dommage ! Les ingrédients, le dosage, la préparation, le temps de cuisson et la présentation feront donc l'objet de toute votre attention. Pour un succès total, n'oubliez pas que la sélection des plats proposés sont à personnaliser, à accommoder à votre sauce : salé-sucré, aigre-doux, épicé, pimenté. Service compris, même à la carte !

Mon conseil : **Respecter la date de fraîcheur, servir chaud et garder une place pour le dessert !**

En toutes occasions, sachez où vous mettez les pieds !

Guide du fantassin en campagne

Tout va dépendre bien sûr de la faute commise. S'il s'agit d'une erreur, d'une humiliation, d'une rupture ou d'une trahison, la démarche et l'ampleur de la riposte ne seront pas les mêmes, évidemment. En vengeance comme en cuisine, tout l'art est dans la façon de doser. D'assaisonner.

Si vous voulez qu'il vous prenne au sérieux, il est impératif d'aller jusqu'au bout. Pensez que si vous vous arrêtez en route et d'un, vous risquez de manquer le meilleur. Ou le pire. Dommage ! Et de deux, vous risquez de vous déconsidérer à ses yeux. Ennuyeux.

Dernier conseil ! Le petit bréviaire de la haine ne laisse planer aucun doute là-dessus ; laissez-lui toujours le choix : brûlé ou pendu, noyé ou fusillé. C'est comme il veut !

Mais avant de déclencher le plan Orsec et de laisser gambader votre imagination destructrice, il faut que vous soyez absolument sûre qu'il vous est infidèle. Pour le savoir, inutile de le suivre avec une paire de lunettes noires, un ciré et un journal habilement déchiré au niveau des mirettes. Le truc est usé depuis longtemps et puis, en plein été, pour passer inaperçue, c'est pas génial. Soyez plus perverse...

Lorsque vous serez dans sa voiture (siège du passager), il ne vous faudra que quelques secondes pour baisser le miroir de courtoisie et inscrire au rouge à lèvres le mot *salope*. Rabattez le miroir. Ensuite attendez. Si quelques jours après il arrive l'air furieux ou amusé (il a le droit d'être aussi roublard que vous) et vous fait une réflexion sur votre sens aigu du romantisme ou votre vulgarité mal placée, c'est forcément que *quelqu'un* aura découvert votre petit message. Et ce *quelqu'un* ne peut être qu'une *quelqu'une*. Pour au moins deux raisons. La première, c'est que les hommes n'ont généralement pas l'habitude de contempler leur bouille déconfite dans les miroirs de courtoisie, c'est donc une nana qui l'a découvert. Deuxièmement, parce que cette *quelqu'une* ne peut pas être une collègue de bureau, une simple copine (vous les connaissez toutes) ou la concierge espagnole (il ne parle que l'anglais) parce que le simple geste de vérifier sa coiffure ou son maquillage dans la voiture d'un homme prouve que l'on a suffisamment d'intimité avec lui pour le faire. Et toc ! C'est signé. D'une croix, je l'admets, mais c'est signé quand même !

S'il a une moto, c'est déjà plus difficile mais... rien ne vous empêche de plonger le nez à l'intérieur du casque qu'il met à votre disposition. Les cheveux, ça s'accroche et les parfums... aussi !

S'il se déplace en métro, dans ce cas-là, eh bien, je vous engage vivement à relire les chapitres précédents parce que ce qui vous arrive, c'est bien fait pour votre pomme ! Sortir avec un mec sans voiture ? Et pourquoi pas aimer un pauvre tant que vous y êtes !

Le code est formel : on peut être garce avec n'importe qui. Pas besoin de coucher pour avoir envie de jouer. Si vous n'aimez pas quelqu'un mais pour de multiples raisons, vous êtes obligée de le fréquenter, suscitez chez lui l'envie de vous inviter à dîner. Une fois au restaurant, histoire de ne pas avoir le nez dans les assiettes de la table voisine et l'oreille dans la conversation d'à côté, commandez ce qu'il y a de plus cher sur la carte. Ensuite, l'air de rien, étudiez les réactions de votre hôte. S'il demande un carpaccio alors que vous avez commandé une soupe d'étrilles et sa rouille homardine suivie d'un agneau de Sisteron à la fondue de truffe, c'est qu'il se sacrifie. Ses moyens sont donc assez limités. Faites-le-lui remarquer d'une manière subtile et tout à fait naïve et appréciez la façon dont il s'en sort. Tiens, à titre d'exemple, ce petit exercice peut servir de très bonne leçon d'initiation à celles qui désirent rejoindre le cheptel !

Version plus subtile, mêmes personnages et même décor. Commandez un museau vinaigrette en entrée, puis, au choix, des oreilles de cochon ou de la langue de bœuf en plat de résistance. Comme tue-l'amour, on n'a encore rien trouvé de mieux ! Je vous promets qu'après cela, il ne vous regardera plus comme avant, traduisez qu'il ne vous regardera plus du tout ! Mais si après que vous avez passé votre commande, il ne s'enfuit pas dans les deux minutes en courant en direction des toilettes, c'est que vous avez affaire à un anthropophage vicieux. Dans ce cas, préparez-vous à vous faire prendre en levrette dans l'instant qui suit sur le bord de la table !

De toute façon, le coup est sûr, vous êtes en situation de force par rapport à lui. Même si vous ne le connaissez que depuis hier, il vous suffira d'évoquer avec une tendresse de circonstance le moment de votre rencontre. Fonte des neiges assurée ! Si infimes soient-ils, vous avez forcément des souvenirs en commun avec lui. Des trucs qui rapprochent, qui créent une complicité. À vous de savoir les utiliser.

Exercice plus délicat pour une situation à laquelle nous

sommes toutes confrontées un jour ou l'autre : celle de la jalousie. Si, lors d'une soirée, il est en pleine conversation avec le portrait craché d'Ornella Muti et que cela commence sérieusement à vous agacer, rien ne vous empêche, afin de couper court à ce début d'idylle, de :
1° les interrompre en lui disant qu'il est demandé au téléphone ;
2° d'aller l'embrasser sur la bouche en disant à la limande avec laquelle il est en train de causer : « Pas de bol, il est fou amoureux de moi, c'est con pour vous quand même, hein ? » ;
3° lui tendre votre carte de visite en lui confiant que « ce mec est un super coup, mais je vous préviens, pour le joindre, il faut passer par moi et je prends dix pour cent », tout en tirant votre tendron de veau par la manche, histoire de l'éloigner ;
4° vous camper entre eux les bras croisés et de dire : « C'est fou comment sont les hommes non ? Il suffit de les écouter avec de grands yeux de vache en chaleur pour qu'ils nous trouvent irrésistibles » ;
5° vous pointer en disant : « Excusez-nous, mais faut qu'on y va ; cela dit, si madame veut se joindre à nous, je n'y vois pas d'inconvénient ; à trois, c'est encore meilleur » ;
6° la questionner : « Votre mec vous baise si mal que ça, pour avoir besoin de draguer celui des copines ? » ; version popu, avé l'assent : « Qu'est-ce qu'elle veut cette morue, elle cherche un nouveau maquereau, là ou quoi ? » ;
7° présenter à votre mec un flacon de gouttes en lui disant : « Si tu veux que ta syphilis guérisse, il faut les prendre à heures fixes, mon chéri » ;
8° la regarder droit dans les yeux et lui dire : « Avec lui, vous n'avez aucune chance, il n'aime que les salopes ! » ;
9° se planter devant elle et lui demander si, dans une vie antérieure, elle n'était pas casserole. Après le pourquoi de

circonstance, lui répondre : « Parce que si vous avez vraiment le feu au cul, c'est pas sur lui qu'il faut compter pour éteindre l'incendie ! » ;
10° interrompre la conversation avec un « il a l'air intelligent comme ça mais c'est parce que avant de venir il a beaucoup répété ».

En résumé, tout le secret consiste à faire la différence entre la stratégie et la tactique. La stratégie, c'est l'art d'employer ses forces et de tirer parti de ses victoires. La tactique, c'est déterminer à un moment précis avec quelles armes et en quel lieu engager le combat suivant la nature de l'adversaire.

S'il est comédien

1° Dites-lui qu'au lit, il est comme sur les planches, une planche.
2° Demandez-lui pourquoi lui qui a joué tant de fois les hallebardiers, il ne l'est pas au pieu ?
3° À faire après une absence de plusieurs jours. Apprenez-lui d'un air détaché que l'agent de Bertrand Blier a téléphoné une heure après son départ pour lui proposer un rôle dans son prochain film. Comme il avait besoin d'une réponse immédiate, il a choisi quelqu'un d'autre.
4° S'il en fait trop, demandez-lui à quelle heure il baisse le rideau ou à quelle heure se termine la représentation.

... journaliste

1° Faites-lui le coup avec Étienne Mougeotte en transformant le rôle principal du long métrage en présentateur du 13-heures.
2° Chaque fois qu'il vous invite dans un grand restaurant ou pour un week-end en Relais et Châteaux, demandez-lui si c'est par « service de presse » ?

3° Mettez-vous de mèche avec une copine à laquelle vous ferez jouer le rôle d'une relation publique. Faites-lui envoyer un fax d'un bureau de presse bidon, invitant votre mec avec la personne de son choix, donc vous, à passer un week-end dans un palace de la Côte. Faire la réservation. Et déboursez (ah, on n'a rien sans rien) le prix des billets de train ou d'avion. Sur place, et comme font la plupart des journalistes lorsque c'est gratuit, ne rien se refuser. Soyez présente à la caisse au moment où il ira payer « ses extras ».
Critique gastronomique : demandez-lui s'il lui arrive de payer lorsqu'il mange quelque part avec sa petite amie ? S'il a une certaine notoriété, transformer la *girl friend* en toute la famille.
4° Dites-lui : vous comprenez tout ce que vous écrivez ?
5° Tâchez de savoir s'il a appris à lire avec la méthode globale ?

... rédacteur en chef
1° Lors des présentations : « Vous aussi, vous avez interviewé Castro ? »
2° Demandez-lui si les livres qu'on lui envoie par service de presse restent dans la bibliothèque du journal ou s'il les emporte chez lui pour remplir ses propres étagères.
3° Cherchez à lui faire dire pourquoi quand on est rédac chef on fait écrire ses copains plutôt que des journalistes ?

... écrivain

Avant toute chose : attendez un week-end férié histoire de planquer les bouteilles d'alcool.
1° À dire ironiquement lorsqu'on vous le présente : « Alors comme ça vous êtes écrivain ? Mais quel genre : Sulitzer ou Des Cars ? »

2° Lorsque son manuscrit est terminé, tapez à la machine une page déjà rédigée en la réécrivant avec votre style et glissez-la à la place d'un de ses propres feuillets.
3° Le jour où son éditeur téléphone pour l'inviter à déjeuner, « oubliez » de transmettre le message.
4° Après avoir lu un de ses livres, dites-lui le plus naïvement du monde : « Vous êtes sûr que vous ne voudriez pas faire autre chose ? »

... *guitariste*

Coupez discrètement une corde avant qu'il ne parte en séance sans oublier bien sûr de récupérer les cordes de rechange que vous trouverez dans la poche externe de l'étui de son instrument.

... *pianiste*

1° Si vous croyez être une belle garce parce que vous venez de renverser de l'eau sur son synthé, eh bien, vous avez tout faux ! Ce serait un coup pour rien et vous risqueriez de passer pour une ringarde car tout le monde sait que l'eau n'endommage pas les fils électriques. En revanche, si vous voulez réellement le voir faire la gueule, versez du Coca-Cola sur l'instrument. Le sucre, lui, colle partout et possède la saine vertu d'endommager les circuits électroniques. Mieux encore, débrouillez-vous pour effacer ses disquettes de sons. Généralement, cela représente des années de travail ! Bonjour l'angoisse !
2° Si c'est un pro : dites-lui que Quincy Jones (ça marche aussi avec Tony Visconti) est à Paris, qu'il a téléphoné pour le voir mais comme il a un emploi du temps chargé, il lui donne rendez-vous à la Sacem

demain à 7 heures du mat. Si c'est un loser : lui faire le coup avec Michel Élie.
3° Demandez-lui ce qu'il fait dans la vie. Lorsqu'il vous répondra de la musique, lui dire : oui mais... pour vivre ?
4° Dites-lui qu'il raisonne comme un tambour !

... photographe
1° Tirez-lui la langue en lui disant : tu veux ma photo ?
2° « C'est quoi au juste un photographe : un voyeur ou un mec qui prend tout sans rien donner ? »
3° « Comment ça se passe quand vous faites des portraits et que des magazines vous les achètent plusieurs fois, vous envoyez un pourcentage au mec qui vous a permis de gagner cet argent ? »
4° Rayez ses objectifs.
5° Avant son départ, subtilisez-lui ses piles neuves et remplacez-les par des piles usagées. Ne pas oublier de faire la même chose avec celle qui est déjà dans l'appareil.

... peintre
1° Le jour de son vernissage, allez voir une maquilleuse professionnelle et faites-vous placarder un œil au beurre noir plus vrai que nature. Puis armée de votre carton d'invitation, allez à son exposition. En arrivant, courez l'embrasser sur la bouche.
2° Intervertissez les bouteilles de solvants. Dans la bouteille de white spirit, mettez de l'alcool à brûler, même si les odeurs sont très caractéristiques, avec un peu de chance, ça peut marcher.
3° Quoi de plus énervant pour un peintre en pleine création que de voir sur la toile qu'il est en train de peindre se déposer çà et là des poils de pinceau ? Alors

coupez à l'aide d'une paire de ciseaux des poils de martre puis replacez-les. Ni vu ni connu !
4° Offrez-lui un tableau de la place du Tertre, style poulbot, en lui disant que lorsqu'il arrivera à peindre ainsi, vous le considérerez enfin comme un artiste.

... *sculpteur*
1° Intervertissez les étiquettes des pots de colle à pierre. Comme les dosages et les effets ne sont pas les mêmes, bonjour le résultat !
2° Faites tremper dans l'eau les manches de ses ciseaux. Puis une fois secs, replacez-les à l'endroit où vous les avez trouvés. Lors de la première utilisation, ils vont éclater entre ses mains. Mais pas vu, pas pris !
3° Mettez des pigments de couleur genre noir de fumée à l'intérieur de ses gants.
4° Appelez-le « mon amouuur » devant ses copains.
5° Demandez-lui si, au pieu, il est devenu comme ça à force de fréquenter des statues ?
6° Puisque vous avez l'habitude de faire du neuf avec du vieux, vous ne pourriez pas faire quelque chose pour vous ?
7° Même pendant un cunnilingus à vous faire grimper au baldaquin, dites-lui qu'il s'y prend comme un manche et que ça vous laisse de marbre. Déformation professionnelle sans doute.

... *chef d'entreprise*
1° Écrivez au receveur des impôts — évitez l'en-tête « mon trésor », ça fait désordre — pour lui signifier que le train de vie de votre bien-aimé n'est pas exactement proportionnel à sa feuille d'impôt. N'omettez ni les heures de ménage au noir, ni l'appartement au nom de ses

parents, ni la Jaguar comme voiture de société, encore moins les 60 000 francs de notes de frais mensuelles...
2° Faites courir le bruit dans sa boîte qu'il fréquente les clubs d'échangistes.
3° Lors d'un dîner, demandez-lui à haute voix : « Au fait, mon amour, ton faux bilan est encore passé cette année ? »
4° Même décor mais en s'adressant à une tierce personne : « Grâce à Dieu, la boîte de mon mari marche très bien. Enfin, très bien depuis qu'il baise la commissaire aux comptes... »
5° Faites-vous inviter dans un grand restaurant et faites-lui la honte de sa vie s'il récupère la note.

... *informaticien*

Quoi de plus évident que d'effacer la totalité du disque dur de son ordinateur ! Le mot clé qui peut vous rendre ce service est : *formatage*. Si vous n'êtes pas du tout branchée par les machines, contentez-vous d'effacer ses disquettes.

... *avocat*

1° Demandez-lui lors d'une réception : « Au fait, ils t'ont payé en liquide les copains de Spaggiari ? »
2° Lui en faire bouffer tous les jours accommodé selon sa propre humeur. S'il se transforme en paillasson pour obtenir une affaire, sauce crevette ; s'il vous trompe, cœur de palmier ; s'il devient imbuvable, au crabe ; après avoir gagné une plaidoirie, en mousse.

... *médecin*

1° Se rendre à son cabinet, prendre les dossiers de ses clients et tout intervertir. Si son fichier clients est informatisé, changer les numéros de téléphone.

2° Lui demander pourquoi il a signé le serment d'Hippocrate alors qu'il n'a jamais fait une consultation gratuite.

... dentiste

1° Histoire de lui changer les idées, l'inviter à une partie de bridge.
2° Lui dire que vous avez une dent contre lui !
3° Devant des gens, lui demander s'il est plombé.

... restaurateur ou hôtelier

1° Louez les services de deux comédiens qui, dans un déguisement de flics, iront sur son lieu de travail aux heures d'affluence pour lui demander de se présenter au commissariat le lendemain afin qu'il explique pourquoi on a retrouvé son nom dans l'agenda d'un activiste basque. Même scénario avec un « déguisement d'huissier » c'est-à-dire avec un costard ridicule et la tête qui va avec pour lui certifier devant tout le monde qu'il est condamné à payer ses traites et ce, dans les plus brefs délais.
2° Dénoncez-le à l'inspection de l'hygiène.
3° Retenez une table pour deux et invitez un gaffeur à dîner. Laissez venir les événements, à plus forte raison s'ils tournent à la catastrophe.
4° Retenez une table. Achetez une souris et cachez-la dans votre sac à main. Sortez-la ensuite discrètement puis laissez-la gambader dans la salle de restaurant. On n'a encore rien trouvé de mieux pour ruiner l'ambiance.
5° Réservez une table bien en vue et invitez un mec à dîner. Buvez beaucoup, riez fort, bécotez-vous et plus si affinités...

... *mirlitaire*
1° Organisez un dîner avec des gens plus courageux que lui, les promoteurs de la liste pour la Bosnie par exemple.
2° Invitez-le à passer un week-end dans le Larzac chez vos copains babas cool. Ceux qui fument des pétards, qui sont *Peace and Love* et qui s'éclairent à la bougie. Lui faire la surprise, bien entendu.

... *prof*
1° Après qu'il a corrigé des copies, reprendre les notes et avec son stylo, rajouter systématiquement *1* devant les copies qui ont moins de 10.
2° Le traiter de fonctionnaire.
3° Lui demander si cela ne l'ennuie pas de ressasser les mêmes choses d'une année sur l'autre ?
4° « C'est parce que vos élèves sont trop petits pour vous contredire que vous avez l'impression d'être intelligent ? »

... *fonctionnaire aux Télécoms*
« Sérieusement, cela ne vous dérange pas de travailler dans une entreprise où même les téléphones s'enfilent ? »

... *flic*
1° « Si vous marchez toujours par équipe de deux, c'est parce que dans le concours d'entrée, on vous demande de savoir lire *ou* écrire, c'est ça ? »
2° « Chez vous, c'est comme en maternelle : vous avez le droit de faire des bavures ! »
3° « Dans votre job, qu'est-ce qui est plus important : la protection ou la participation ? »

... *boucher*
1° Lui dire devant ses clientes : « Elle est comment votre saucisse ? »
2° Même lieu, même scénario : « S'il vous en reste un bout, vous pouvez toujours me le mettre ! »

... *franc-maçon*

Lui poser la question : « Vous êtes franc-maçon parce que vous possédez l'esprit maçonnique ou parce que vous êtes opportuniste ? »

... *juif*
1° L'interroger afin de savoir si cette année, il va passer ses vacances en Palestine, à Jéricho par exemple.
2° Le menacer de téléphoner à sa mère pour lui dire que vous êtes une goy.
3° La première fois qu'il se déshabille devant vous lui dire : « Eh bien, ils t'ont pas raté le jour de ta circoncision ! » ou encore « Quel gâchis ! T'aurais pu me prévenir qu'ils ont complètement raté ta circoncision ! »

... *musulman*
1° Proposez-lui de manger du jambon en lui assurant qu'il est garanti sans porc et que vous êtes allée spécialement l'acheter dans le quartier de la Goutte d'Or. Mentez bien entendu !
2° Dites-lui devant sa mère : « Dis donc, les petits boutons que t'as sur le visage, c'est la fatigue ou le sandwich jambon-fromage d'hier ? » ou « Mais si, tu me l'as dit, je te promets, tu me l'as dit, ah t'étais encore trop bourré pour t'en souvenir ! »
3° Si vous le recevez pour la première fois : « J'avais l'intention d'ouvrir une bouteille de pauillac en votre

honneur, mais si vous êtes musulman alors on se contentera d'une Badoit... »

... catho

1° Lui demander naïvement de vous expliquer comme Abel et Caïn ont fait pour avoir des enfants alors qu'Adam et Ève n'ont pas eu de fille ?

2° « Si Dieu n'est qu'amour, pourquoi faites-vous abstinence ? »

3° Lui demander pourquoi les préceptes du Nouveau Testament ne doivent être appliqués que pour les copains ?

Si vous avez les clés de son appartement

Attendez qu'il s'absente pour un week-end ou un voyage d'affaires et filez chez lui. Ensuite, vous avez plusieurs possibilités :

1° Téléphonez à l'horloge parlante de New York. Lorsque vous avez la communication, laissez le téléphone décroché. Il ne vous reste plus qu'à imaginer la tête qu'il fera à son retour en pensant à sa prochaine note de téléphone ! Même le paracétamol ne pourra rien pour lui.

2° Effacez le début de tous les messages de son répondeur.

3° Invitez royalement tous vos potes à dîner chez lui et videz consciencieusement sa cave et son réfrigérateur puis partez en laissant tout le bordel sur la table.

4° Transformez son loft dans le XVe en squatt pour SDF.

5° Faites pipi sur la moquette.

6° Faites des dessins sur le mur du salon avec un tube de dentifrice ou de rouge à lèvres.

7° Achetez un rat et laissez-le gambader dans tout l'appart. Même s'il ne s'est absenté que pour le week-end, des best-sellers d'Auster au rideau de douche, tout aura été grignoté.

8° Si vous avez des économies, foncez chez Conforama acheter un papier peint ringard. Retapissez ou faites retapisser le beau salon dont il est si fier. S'il y a déjà du papier peint sur les murs, retapissez par-dessus. Si vous avez du goût, la pose vous coûtera plus cher que le papier.
9° S'il s'absente longtemps et qu'il fume le cigare, videz le contenu de l'humidificateur afin qu'ils sèchent. En les posant sur le radiateur en hiver et sur la fenêtre en été, l'effet recherché est beaucoup plus rapide.
10° Faites venir un commissaire-priseur pour une estimation. Laissez le compte rendu sur la table... Sa réaction ? Je vous la donne en mille Émile, il y a des chances pour qu'il se mette à courir comme un dératé dans tout l'appartement afin de vérifier si les objets les plus chers y sont encore...

S'il est marié et que vous êtes célibataire
1° Débrouillez-vous pour qu'il vous invite chez lui lorsque sa femme est en cure de thalasso ou en week-end avec les gosses et « oubliez » votre La Perla sous le lit.
2° Renversez, avec l'air de ne pas l'avoir fait exprès, votre flacon de parfum dans sa voiture.
3° Écrivez à sa femme et présentez-vous comme étant la maîtresse de son mari. Exposez-lui ensuite les motifs de ce courrier peu ordinaire. « Chère Madame, j'ai le regret de vous annoncer que votre mari vous trompe... mais qu'il me trompe aussi ! » Ensuite, après lui avoir donné vos griefs, faites en sorte qu'elle ait envie de s'associer à votre vengeance. Si elle n'est pas trop conne, elle ne rêve certainement que de ça ! En lui promettant toutefois qu'après avoir reçu la leçon qu'il mérite, vous vous engagez à disparaître de sa vie. Eh oui, on n'a rien sans rien ! N'ayez pas honte de lui laisser votre numéro de

téléphone sans toutefois indiquer votre adresse (on ne sait jamais, il faut toujours compter avec les imbéciles).
4° Écrivez un mot à sa femme lui expliquant : « Je désire avoir un enfant avec votre époux, je sais que vous en avez trois de lui, comment avez-vous fait ? »
5° Téléphonez à sa femme afin qu'elle vous explique pourquoi son mari ne paie plus votre loyer depuis deux mois...
6° Attendez qu'il parte travailler et allez déposer devant sa porte le bébé et le poisson rouge, le tout avec un petit mot du genre : « Je pars en vacances pour t'oublier, je suis certaine que ta femme fera une très bonne nounou et toi un très bon père, ce que tu n'as pas été jusqu'à présent. » N'oubliez pas bien sûr de leur laisser les quantités de lait pour le biberon, sa marque préférée de petits pots et quelques couches...
7° Histoire de le faire flipper, dites-lui : « Tu sais mamour le jour où tu m'as offert ma guêpière, j'ai oublié ma pilule... Ça fait combien déjà, cinq semaines, non ? » Le faire languir sept jours supplémentaires avant de lui dire que l'alerte rouge est passée...

Si vous êtes mariée et qu'il est célibataire
1° Dites-lui que votre mari est au courant de votre liaison et qu'il va venir lui casser la figure.
2° Menacez-le de téléphoner à sa mère pour lui dire que son fils est un « briseur de ménage ».
3° Faites-lui croire que vous êtes enceinte de lui, et que votre mari est très content de voir la famille s'agrandir...
4° Pointez-vous chez lui à une heure indécente et dites-lui : « Ça y est, je divorce pour venir vivre avec toi. » S'il vire au rouge, c'est peut-être par timidité mais s'il vire au vert, c'est qu'il va vomir ou qu'il est super emmerdé. Dans ce cas-là, vous serez fixée sur la nature de ses sentiments.

S'il est riche et jeune

Il me paraît très bien ce monsieur, ben alors, qu'est-ce qui vous arrive, des remords ?

S'il est riche et vieux

Alors là, fastoche ! Autant tirer sur une ambulance !

1° Faites-vous offrir un appartement en prétextant que vous ne supportez plus de le voir à l'hôtel ou parce que sa femme, qu'il n'aime plus, profite de tout et que vous, qui l'aimez, n'avez rien. Une fois la signature des actes faite et la facture du décorateur payée, dites-lui que vous venez de rencontrer l'homme de votre vie et que vous allez vous marier.

2° S'il est orgueilleux, mettez-le au défi de vous offrir une voiture pour votre anniversaire, genre : « Tu ne m'aimes pas. Je sais que tu ne m'aimes pas, parce qu'il ne te viendrait même pas à l'idée de m'offrir une Volvo 380 pour mon anniv ! »

S'il est sentimental, pour arriver au même résultat, privilégiez l'argument « afin de pouvoir te rejoindre n'importe où, lorsque tu me fais signe ». Dans les deux cas de figure, n'oubliez pas de lui faire payer l'assurance et la vignette.

3° Laissez sous-entendre que vous avez des problèmes d'argent et que vous êtes trop fière pour en parler à la famille.

4° Demandez-lui de vous mettre à l'abri du besoin en devenant porteuse de parts dans son entreprise (se renseigner discréto auparavant sur la minorité de blocage).

5° Lui glisser que votre ex était moins riche que lui mais que cela ne l'empêchait pas de vous faire des cadeaux somptueux.

... intello de gauche

1° Les intellos se veulent uniques et solitaires. Balancez-lui : « L'air de rien mon toto, plus stéréotypé que toi, tu meurs ! »

2° Abonnez-le à *Nous Deux* et pour le routage, mettre l'adresse de son bureau.

3° Si, en hiver, il vous la joue Reverso et Weston, demandez-lui si en été il porte des chaussettes avec des tongues !

4° Dites-lui que vous êtes sorcière : en lisant dans ses mains, dites-lui qu'il n'aime pas Pasqua, mais qu'il aime le jazz et la viole de gambe, qu'il admire Marx et déteste Glucksmann, qu'il est plutôt Gallimard que Belfond et plutôt briard que teckel. S'il acquiesce, barrez-vous de l'autre côté. En plus d'être un intello, c'est un vrai con, ce qui est loin d'être incompatible !

5° L'intello de gauche a toujours *Libé* ou *Le Monde* négligemment placé dans la poche de sa veste ; lorsque vous le prenez sur le fait, pourquoi ne pas lui dire : « Vous vous promenez toujours avec votre casse-dalle comme ça ? »

... intello de droite

Mais qui fréquentez-vous !

... beau mais con

1° Traitez-le de mutilé du bulbe ou de bas de plafond.

2° Présentez-le à toutes vos copines mais en discothèque, histoire qu'il ne puisse pas en placer une !

... pauvre

Dites-lui que c'est perdu d'avance parce que Peyton Place, ça ne vous a jamais fait rêver.

... petit

1° Faites-lui comprendre que votre unique fantasme, c'est de faire l'amour sur le capot d'une Range Rover !
2° Demandez-lui de vous présenter son frère !
3° Dites-lui : « Avec ta taille, tu as des réductions partout, non ? »
4° Offrez-lui un déguisement de Schtroumpf.

... vieux-beau

1° Demandez-lui si à son âge, on le suce encore ou on le mâche déjà.
2° Soupirez en disant : « Le proverbe a raison : chaque âge a ses plaisirs ! À votre âge, au lieu d'en faire un bol, on n'en fait plus qu'une petite cuillère mais on est tout aussi content, non ? »

... avare

1° Demandez-lui une procuration avec l'argument inattaquable du... au cas où ! Puis videz son compte.
2° Déclarez la télévision à son nom, afin qu'il paie la redevance qu'il n'avait jamais payée jusqu'alors.
3° Envoyez à son nom des promesses de dons aux Restos du cœur, au Téléthon, à la recherche contre le sida, etc.
4° À table chez des amis, dites que votre mec n'est pas du tout pingre « parce qu'il a toujours donné cinq francs aux Restos du cœur » !
5° Pour Noël, offrez-lui un costume de Picsou et, comme accessoire, ajoutez des louis d'or en chocolat.

6° Demandez-lui si son ambition, c'est d'être le plus riche du cimetière ?

... chauve

1° Faites croire à tous ses copains et autres collègues qu'il va se faire poser des implants.
2° Organisez un dîner pour son anniversaire et devant tout le monde, offrez-lui une moumoute, effet garanti !
3° Sortez un gant de votre sac à main et dites-lui qu'il a oublié de se peigner avant de partir !
4° Demandez-lui si cela fait longtemps qu'il a la perruque en peau de fesse !
5° Rassurez-le en lui disant que vous promettez de dire à vos enfants que leur papa a eu des cheveux, un jour.

... moche

1° « C'est sûr qu'avec la tête que vous avez, vous ne risquez pas d'attraper le sida. En vous voyant, il serait capable d'avoir peur ! »
2° « Et... dans la boîte où vous travaillez, on vous laisse discuter avec les clients ? »
3° « Si vous perdez votre emploi, vous avez une belle carrière à faire dans les cirques ! »
4° Offrez-lui le masque de Frankenstein en lui disant que cela le rendra à peu près supportable.

Avant un dîner d'affaires

1° Dévissez le pommeau de la douche et mettez une dose de bleu de méthylène à l'intérieur. Revissez ensuite le pommeau. Lorsque l'infortuné prendra sa douche, il va avoir une surprise qui va, premièrement, l'empêcher de se rendre à son dîner et, deuxièmement, l'astreindre à une

indisponibilité de plusieurs jours. Le bleu de méthylène étant un colorant particulièrement tenace !
2° Pendant qu'il se rase, ouvrez son attaché-case et sortez le contrat qu'il doit faire signer le soir même...

Pendant un dîner d'affaires
1° Pour tuer votre mari, au cours d'un repas avec de gros clients, faites-vous passer pour une linotte, une tarte, une gogol, style Meg Ryan dans *Top Gun*. Saluez d'abord d'un « bonjour banane, bonjour vicieux » pour mettre l'ambiance puis riez niaisement. Parlez pour ne rien dire, soyez naïve, répondez à côté, posez des questions stupides et gaussez-vous pour n'importe quoi... Il n'y a rien de pire pour un homme que de voir dans les yeux d'autrui la compassion muette de ses confrères, en imaginant ce que peut être la vie de couple avec une femme qui n'a pas inventé le fil à couper l'eau chaude...
2° En plein dîner, dites tout fort à la maîtresse de maison : « C'est où les vécés ? » Si vous êtes culottée : « J'ai envie de faire caca, c'est où les vécés ? »
3° Sans baisser le volume : « Chéri, t'as un bout de persil coincé là (on met son doigt à la bouche) entre les dents. »

S'il est jaloux
1° En passant devant le Concorde Lafayette, le plus candidement possible, laissez échapper un : « Ici les lits sont un peu mous, mais les chambres sont pas mal » ou « C'est quand même dingue que dans un hôtel de cette catégorie, il y ait encore des bidets dans les salles de bains ! »
2° Dès qu'il ouvre la porte de l'appartement, faites semblant de raccrocher le combiné du téléphone. Renouvelez l'opération plusieurs jours de suite.

3° Arborez fièrement les photos de vos ex, et débrouillez-vous pour qu'il y ait çà et là des composites de mannequins.
4° Soyez encore plus jalouse qu'il ne l'est !

… *romantique*
1° Larguez-le le jour de la Saint-Valentin !
2° Sous ses yeux, jetez la bague de fiançailles qu'il vous a offerte dans le fleuve qui traverse votre ville. Pour celles qui vivent à la campagne, une rivière fera l'affaire.
3° Dites-lui que vous ne l'aimez que lorsqu'il s'en va.
4° « T'es ému ou tu nous fais une conjonctivite ? »

… *débauché*
1° Lui demander à quand remonte son dernier HIV et lui dire « parce que 30 % des capotes utilisées se fissurent pendant l'utilisation ».
2° Lui demander quels seront ses projets post-andropause.
3° Lui dire que vous savez lire dans les lignes de la main. Regarder avec attention ses paumes, prendre un air de circonstance pour lui dire qu'il va prochainement être opéré de la prostate !
4° Lui offrir une peluche de Babar pour qu'il rêve devant sa trompe. Ou lui suggérer de l'utiliser comme godemichet.

… *maniaque*
1° Sortez de votre bain sans vous sécher et arpentez son appartement en ralentissant tout naturellement dans les endroits où il y a du parquet.

2° Goinfrez-vous de bonbons en prenant soin d'abandonner les papiers qui collent un peu partout.
3° Faites un gâteau au chocolat dans sa cuisine et étalez-en partout, ou mieux, faites-en gicler dans un rayon de 180° autour de vous et sur vous-même si vous avez pris la peine de lui emprunter une de ses chemises. Sortez de la pièce, sans rien nettoyer, en maugréant que vous êtes horriblement maladroite.
4° Soyez aussi maniaque que lui mais... à l'envers ! Essayez de faire en sorte que vos maniaqueries l'emportent sur les siennes et soient tout à fait opposées. Bonjour l'angoisse !

... dépressif

1° S'il répète sans arrêt « personne ne m'aime », répondez-lui de vous rejouer la scène en un peu moins dramatique et dites-lui que, pour une fois, il a raison et qu'il ne vaut même pas les 73 centimes de communication.
2° Demandez-lui de faire son testament et d'y figurer en bonne place, au cas où il voudrait se suicider sans vous prévenir.
3° Offrez-lui un revolver à eau et un kit pour se faire une overdose avec de la farine dans le sachet.
4° Dites-lui que s'il s'était nommé Ade, ses parents l'auraient appelé Jérémy !

... névrosé

1° Faites-lui croire que, depuis le début de son analyse, vous avez des relations sexuelles avec son psy.
2° Dites-lui que vos névroses sont incompatibles avec les siennes.
3° Que vous ne prenez votre pied que sur un divan.

... ivrogne

« Votre devise c'est quoi : Fontaine, je ne boirai pas de ton eau ? »

... coquet

1° Un truc dont il ne se remettra jamais. Après qu'il soit sorti, faites une sélection de ses plus beaux costumes (n'oubliez pas le smoking ni les Church), de ses cravates Hermès, Cerruti, de ses chemises de marque et hop, d'un coup de voiture, portez toute cette splendide garde-robe chez Emmaüs ou à la paroisse de votre quartier ! Vous aurez la double satisfaction d'avoir, et d'un, fait une bonne action et de deux, de l'avoir vu, impuissant, s'étouffer de rage, en rentrant.

2° Si vous avez le temps et la rancune tenace, découpez en fines lamelles tous ses costumes avec un cutter et remettez le tas de tissu sur son étagère. Si, en revanche, le temps vous manque, versez sur son manteau et ses costumes de l'œuf, du vin, une noix de beurre et... passez le tout à la machine. Vous verrez, à certains endroits, cela fait de très jolies auréoles. En plus de vous être défoulée, cela vous permettra de voir si votre lessive habituelle est aussi efficace que le claironne la publicité. Pratique, non ?

3° Le soir d'une soirée chic, offrez-lui une cravate en rayonne et acétate vert et rouge et obligez-le à la mettre tout de suite pour vous faire plaisir. S'il hésite, fondez en larmes.

4° Pour une opération destruction, passez ses cachemires à 90°.

... snob

1° Insistez au téléphone pour qu'il vous emmène au restaurant de *votre* choix. Laissez-lui supposer, en lui

suggérant d'être très élégant, que c'est une grande table. Lui cravaté, vous talon-aiguillée, conduisez-le ensuite dans un boui-boui du XIXe arrondissement. Selon sa réaction, allez jusqu'à payer l'addition.
2° Dites-lui qu'il a reçu une enveloppe à l'en-tête du Polo-Club mais comme vous pensiez que c'était encore un courrier d'Alain Ayache, vous l'avez jeté à la poubelle.
3° Lorsqu'il vous présentera Hermine et François-Xavier, demandez-lui « d'laisser un pourliche à toute vibure ! ».
4° Lors d'un dîner chez ses amis, sortez de votre sac un paquet de goldo... Et fumez entre les plats !

... gourmet
1° Mettez-le pendant une semaine au régime Bolino-Olida, variez les plaisirs avec les omelettes en tube et le marshmallow à tartiner. Comme boisson, abreuvez-le de Tang et de lait de soja. Allez jusqu'à lui faire une tarte aux oignons-maison dont il ne se remettra pas. La recette ? Prendre des oignons (surgelés), une pâte brisée (toute faite), des lardons (sous Cellophane). Faire revenir les lardons dans du beurre (allégé), battre des œufs comme pour une omelette. Mélanger le tout. Oublier de poivrer et mettre au four (à micro-ondes). Servez directement dans le plat. Et n'oubliez pas de lui souhaiter bon appétit !
2° Dites-lui que vous n'acceptez de dîner que dans les restaurants macrobiotiques.

S'il a de l'embonpoint
1° Devant une large assistance, posez-lui la question le plus naïvement du monde : « Est-ce que c'est vrai que lorsqu'on a un gros ventre, quand on se tient droit, on ne voit plus sa zigounette ? »

2° Même décor : « Ça ne vous complexe pas trop d'être gros ? »
3° « Comme vous ne pouvez pas la voir, est-ce que quelqu'un vous en a parlé récemment ? »

S'il est sujet aux flatulences
1° Offrez-lui le *Manuel du parfait artilleur* de Salvador Dali.
2° Demandez-lui s'il a enfin trouvé un revendeur ? ou bien « s'il propose toujours la musique et le parfum d'ambiance ? » ou mieux « s'il a déjà pensé à se faire opérer du nez ».

... allergique
1° Préparez plusieurs petits sacs de pollen, de poils de chat, de plumes d'oie et autres poussières acarianesques, et éparpillez-les chez lui pour que l'air ambiant en profite avant la moquette.
2° L'emmener à l'Arboretum de Chèvreloup en lui assurant qu'il n'y a pas de pollen.

... dragueur
1° Dites-lui : « Avec ta gueule, tu tires autre chose que les rideaux, toi ? »
2° « Vous êtes du genre 2 minutes 15, douche comprise et vous adorez rester sous l'eau. Je me trompe ? »
3° Balancez-lui négligemment : « Pas ce soir, désolé, j'ai mes règles. »
4° « Avec votre physique, j'espère que vous fournissez la vaseline ! »
5° « Vous avez quelque chose qui rappelle Sean Connery... Attendez, j'ai trouvé ! Sa connerie justement ! »

6° « T'as pas de bol, coco, je suis comme toi, y'a que les femmes qui m'intéressent ! »

S'il baise comme un castor

De quoi vous plaignez-vous ?

1° Offrez-lui la Swatch modèle « Kama-Sutra ».

2° Histoire de protéger vos arrières et de lui faire une mauvaise réput, dites à vos copines qu'avec lui, y'a vraiment pas de quoi se réveiller la nuit pour demander du rab !

3° Juste après qu'il a pris son pied, dites-lui : « Bon, c'est pas tout ça mais quand est-ce qu'on baise ? »

4° En regardant sa zigounette : « T'es pas au courant, Europe oblige, pour être aux normes, la banane doit désormais être calibrée : 14 cm de long sur 2,7 de large. Selon ces critères, toi, t'es pas franchement consommable ! »

... éjaculateur précoce

1° Au moment fatidique, dites-lui afin d'éviter de mettre tout sur la pelouse, de penser très fort à sa grand-mère...

2° Demandez-lui s'il participe habituellement à la note de blanchisserie.

3° Devant des invités, si la conversation tourne autour du sexe, n'hésitez pas à dire en toute simplicité : « Au lit, mon mari est comme les politiciens, il n'attend pas le bout du tunnel pour crier victoire ! »

S'il aime les voitures

1° Taguer son automobile en bas de son immeuble. C'est grunge et en plus ça a le mérite de ne pas passer inaperçu. Tout le quartier va en profiter ! Puis savourez le plaisir

d'écrire à la bombe quelques mots empreints d'une poésie toute contemporaine du genre *enfoiré* ou *salaud*. Si cela ne vous guérit pas, cela aura au moins le mérite de vous soulager, vous verrez !
2° Toujours dans la série trottinette à moteur, lors d'une dispute, si vous portez des talons hauts, profitez-en ! Donnez quelques coups de talons dans les ailes du véhicule. C'est la partie la plus fragile de la carrosserie. Si vous avez la chance de sortir avec un mec qui possède une voiture métallisée, c'est encore mieux : il devra la faire entièrement repeindre ! Et d'après le devis que va lui faire son garagiste, cela va lui coûter plus cher que s'il vous avait emmenée un week-end au Cipriani à Venise !
3° À ne faire que pour un cas de vengeance extrême. Foncez au supermarché acheter de la bisque de homard. Versez-la ensuite dans les trous de ventilation à l'avant de sa voiture. Le résultat est tellement immonde surtout s'il veut mettre le chauffage ou la clim qu'il sera obligé d'emmener sa voiture directement à la casse ! À ce niveau-là, il ne pourra même pas la vendre ! (Faites une exception toutefois pour les Morgan année 1953 et les Aston Martin toutes époques.)

Avec un collectionneur de voitures anciennes

Offrez-lui une 2 CV Majorette ou une réplique Daimler Made in Taiwan.

S'il aime le foot

1° Le jour d'un grand match, débrouillez-vous pour abîmer l'antenne de télévision.
2° Plus subtil, arrangez-vous pour être invitée à dîner le soir de la rencontre. S'il est un accro du ballon, il s'arrangera pour enregistrer le match afin de le voir dès

son retour. Dans ce cas, à vous d'être assez fine pour lui donner le résultat avant qu'il n'ait pu visionner la cassette.
3° Profitez de la Coupe du monde pour piquer votre crise afin qu'il achète un deuxième poste TV.
4° Les jours de rencontres importantes style finale ou demi-finale, « oubliez » d'acheter la bière et les pizzas surgelées qui vont avec.

... *la chasse*
1° Faites discrètement des trous dans les semelles de ses bottes en caoutchouc.
2° Juste avant qu'il ne parte, changez le jeu de ses cartouches. Pour les canards, mettre du 2 à la place du 4 par exemple.
3° L'air dégagé, dites : « Qui va à la chasse perd sa place. »
4° Aspergez sa veste de chasse de votre parfum.

... *les parcs d'attraction*
1° Emmenez-le à Euro Disney où justement ils vont le prendre pour une attraction.
2° Offrez-lui un déguisement complet de Babar, comme ça vous pourrez aussi en tirer quelques satisfactions...
3° Pour rire, faites-le monter sur un manège et pour figer l'instant, faites une photo-souvenir. Montrez-la ensuite à tous ses copains.

... *le jardinage*
1° Débrouillez-vous pour que ses nouvelles plantations, dont il est si fier, crèvent.
2° Le jour où il plante des bulbes de bégonias, déterrez-

les pour mettre à la place des bulbes de tulipes ou de jacinthes.
3° Achetez de superbes asperges (plus belles que celles qu'il récolte) et dites-lui que vous les avez piquées dans le potager du voisin.

... le bricolage
1° S'il plante un clou ou un X dans un mur pour accrocher une litho ou la photo des lardons de sa fille, attendez qu'il ait le dos tourné pour faire tomber le cadre et ôter le clou. Genre, tu n'es même pas capable de planter un clou !
2° Faites-lui tailler des planches dans l'idée de monter une bibliothèque. Lorsqu'il aura les mains pleines d'ampoules, dites-lui que son travail n'est pas à la hauteur de vos espérances et allez acheter un kit d'étagère chez Ikea. Si vous êtes perverse, demandez-lui de vous aider à l'assembler.
3° Planquez ses outils ou ses poudres de perlimpinpin puis au « t'as pas vu mon... », aidez-le à les chercher le plus loin possible de leur cachette. Si vous êtes en manque d'affection, troquez un câlin contre les objets retrouvés.
4° Au pieu, ressortez-lui la phrase de chez Darty : « Une panne, c'est souvent un petit rien... »

Personnellement, c'est pas mon truc, mais si vous devez l'injurier pour qu'il découvre l'étendue de votre imagination, faites original ! traitez-le de : tête de nœud, de tricard, d'hotu, d'huître, de trouduc, de chiendent, de cloporte visqueux, de peine-à-jouir, de trisomique, de croupion gangréneux, de tringlomane, de fornicateur de boudin, d'asticot gluant ou de clone asocial... Si vous les apprenez par cœur, en les récitant, n'oubliez pas de respirer...

Avec les nanas

Si c'est une copine
1° Si elle vous confie qu'elle a des problèmes avec son mec, au lieu de recoller les morceaux, conseillez-lui de le larguer !
2° Lorsque vous irez faire les boutiques ensemble, si elle tombe sur une robe géniale dont vous avez envie, dites-lui, lors de l'essayage, que, avec, elle ressemble à un gros tas. Revenez le lendemain même pour l'acheter.
3° Dites d'elle à vos amis communs qu'« elle est gentille ».

... une collègue de bureau
1° Offrez-lui la montre Swatch modèle « peau de vache » (500 francs), entièrement en cuir avec d'authentiques poils de bovidés sur le bracelet.
2° Pendant le pot qu'elle organise à l'occasion de son anniversaire, offrez-lui un pantalon que vous aurez choisi une taille en dessous de la sienne. Si elle vous fait une réflexion sur la taille, insistez sur le fait que ce modèle-là taille grand. Invitez-la à le passer tout de suite, histoire de voir !

... votre mère
1° Si elle critique votre mec, rien ne vous empêche de lui dire : mais maman, je ne comprends pas que tu ne l'aimes pas, mon Jules est le portrait craché de papa !
2° « De toute manière, à te voir et à t'entendre, t'as probablement fait bien pire ! » Lorsqu'elle vous demandera de cracher votre valda, restez évasive.
3° Si elle vous parle de votre prochaine progéniture, dites-lui que vous y pensez et que vous allez adopter un chien ou rétorquez : « Pourquoi, les inscriptions sont closes ? »

... une bavarde

1° Au téléphone : laissez le combiné décroché, allez vous chercher un soda, feuilletez votre magazine préféré et de temps en temps reprenez le téléphone pour dire « mais c'est dingue ce que tu me racontes là ! ».
2° Demandez-lui de vous initier au langage des sourds !
3° Attendez l'épidémie de grippe pour prendre de ses nouvelles !

... une mal baisée

1° Lui décocher un : « C'est parce que vous êtes en fin de plaquette que vous faites la gueule ? »
2° Lui demander si le point G, c'est en haut en entrant ou en bas en sortant.
3° Lui envoyer un : « Et de l'autre côté, rien non plus ? »

... une femme frigide

1° « Le seul sexe que vous aimez c'est le sextuor de Lucia di Lammermoor, non ? »
2° Lui offrir un vibromasseur pour son anniversaire !
3° Mettre une annonce dans *Couples* du genre « J.F. très débauchée cherche sybarite pour relation classée X » avec son numéro de téléphone.

... une femme enceinte

1° « C'est tout ce que tu as trouvé pour arrondir tes fins de mois ? »
2° Regarder son ventre et soupirer : « Ah, encore un chômeur de plus ! »

... une femme entretenue
1° Lui demander si elle est tenue ou entretenue ?
2° Chercher à savoir si elle habite rue Chabanais !

... une intello
1° « Avec vos connaissances, vous seriez parfaite en représentante Tupperware ! »
2° Offrez-lui un abonnement d'un an à *Nous Deux*.

Si elle est mieux que vous mais plus conne
1° Dites-lui qu'il n'y a pas lieu de s'inquiéter parce que même Sophie Marceau a réussi.
2° Sortez avec elle et utilisez-la comme appât pour attirer de la chair fraîche.
3° Dites-lui que côté connerie, elle ne risque pas la rupture de stock.

Si elle est mieux que vous et plus intelligente
Alors là, laissez tomber et allez vous consoler en flânant à la sortie d'une réunion Weight Watchers, d'un club de majorettes ou un centre d'handicapés. En tout état de cause, ne la présentez à personne.

... moins bien que vous
1° Lui demander de rencontrer son mec pour vous assurer que ce n'est pas un Gremlin's.
2° Lui demander de voir une photo de ses parents.
3° L'utiliser comme alibi pour tromper votre mec ou comme vestiaire pendant que vous allez vous éclater sur la piste de danse.

4° L'utiliser comme chauffeur pour vous trimbaler au gré de vos envies.

... plus jeune que vous
1° Sortir avec elle pour qu'on croie que vous avez le même âge.
2° Lui souhaiter d'avoir autant d'esprit que vous en aviez l'an dernier !

... plus vieille
1° Lui dire : « À ton âge, c'est pas un peeling qu'il te faut, ma chérie, c'est une ponceuse. »
2° Lui demander à quand remonte son dernier lifting.
3° Lui dire : « Dans votre malheur, je trouve que vous avez de la chance, madame. Parce que vous pourriez être aussi bête et stupide mais vous n'êtes que vieille. »
4° « Mais non, vous n'êtes pas fatiguée, vous êtes vieille, c'est tout ! »
5° Offrez-lui un abonnement d'un an au magazine *Bonne Soirée*.

... gourmande
1° À la première bouchée de gâteau au chocolat, dites-lui : « Cinq minutes dans la bouche et dix ans dans les fesses ! »
2° Laissez-la se resservir et lorsqu'elle vous tend le plat, dites-lui : « Non merci, ça fait grossir » ou « j'ai pas envie de ressembler à un boudin, moi ».
3° Lorsqu'elle entame sa part de tarte Tatin, demandez-lui avec beaucoup de naturel si elle a un mec en ce moment.

... potelée
1° Lui offrir de quoi perdre 10 kg en canettes d'Alburone.
2° Monter le spot publicitaire de Slim Fast en boucle sur une cassette vidéo et le lui offrir pour son anniversaire.
3° Lui acheter une balance électronique qui enregistre le poids. En étant préalablement monté dessus pour que s'inscrive le vôtre.
4° La rassurer en lui disant qu'on l'aime pour son 44.
5° Lui dire que la marque Olida cherche des mannequins.
6° L'inscrire à l'élection de Miss Côte de Porc.

... acnéique
1° Lui dire : « C'est dingue, avec tous ces boutons, j'ai failli te prendre pour une télévision américaine. »
2° Lui offrir dix litres de Clearasil ou d'Eau précieuse.
3° Lui tendre la main pour la saluer, surtout si on la connaît bien.

Si elle a de la cellulite
1° Lui dire : « Ta liposuccion n'a pas l'air d'être efficace ! »
2° « La peau d'orange, c'est beau mais uniquement sur les oranges. »

... de gros seins
1° « On dit qu'existentialisme et duffle-coat vont de pair comme gros nibards et bonne salope. Qu'en pensez-vous ? »
2° « Vos soutiens-gorge, vous les trouvez au rayon parachute ? »

... les seins qui tombent
1° Laissez échapper un : « Ma chérie, c'est plus des seins que tu as, c'est des oreilles de cocker ! »
2° Offrez-lui un Wonderbra pigeonnant.
3° Sans qu'elle vous l'ait demandé, refilez-lui l'adresse d'un chirurgien plastique.

Si elle fait négligée
1° « Avec toi c'est pratique, on n'a pas besoin de montre. D'après la tache qu'on voit sous tes aisselles, je sais qu'il est 18 heures ! »
2° Lui demander s'il y a encore les douches à l'étage dans son immeuble !
3° Lui offrir une trousse de toilette complète : tampons, déodorant, savon, shampooing, et pince à linge. En oubliant surtout d'y mettre du parfum.
4° S'enquérir de ce qu'elle fait de ses tampons usagés.

Si elle est noble
1° Lui demander si elle appartient à la noblesse de croisade ou d'Empire, en connaissant la réponse. Au nom, cela se sait tout de suite. Puis lâcher un : « Ah, c'est pas la vraie alors ! »
2° Si avec un nom pareil vous êtes déjà reine, avec la tête que vous avez vous ne serez jamais favorite !
3° Lui dire que la nuit du 4 août est la plus agréable de l'année.

... parvenue
Lui demander si elle porte des bijoux avec du tweed !

... sportive

Lui demander ce qu'elle pense de la « théorie du chaos ».

... divorcée

1° « Avec ton caractère, ça ne m'étonne pas qu'il se soit cassé ton mari ! »
2° Lors d'un dîner chez elle, lui dire : « Si tu baises comme tu fais la bouffe, je comprends que ton mari se soit tiré. »

... future mère célibataire

1° « Toi aussi l'ange Gabriel est venu t'annoncer la nouvelle ? »
2° Lui offrir le disque de Jean-Jacques Goldman, « Elle a fait un bébé toute seule ».

... rédactrice en chef

1° « Ça veut dire quoi coucher utile ? »
2° Se renseigner afin de savoir le thème principal des prochains numéros puis téléphoner au magazine concurrent pour le leur dévoiler.
3° Lui demander si elle fait passer la baby-sitter et ses restaus du week-end dans ses notes de frais.

... coiffeuse

1° Rentrer dans son salon et dire : « Z'ai un cheveu sur la langue, vous pouvez pas faire quelque zose pour moi ? »
2° « C'est parce que vous ne pouviez rien faire d'autre que vous avez choisi ce métier ? »

… *poissonnière*
1° Si elle vous pousse à bout, la traiter « d'espèce de sole aux pétoncles » et vous enfuir très vite avant qu'elle ne réponde.
2° Lui demander quel est son parfum.
3° Lui dire qu'elle ressemble à un thon ou une morue, au choix.

… *podologue*
L'inviter à dîner et ne faire un repas qu'avec des oignons. À titre d'exemple : en entrée, une omelette aux oignons suivie d'un oignon farci.

… *politicienne*
1° « On dit que les femmes qui cherchent le pouvoir sont des nanas mal baisées, c'est vrai ? »
2° Lui demander si elle a choisi cette voie parce qu'elle est mythomane ou parce qu'elle se gare n'importe où ?
3° Lui balancer : « Alors comme ça, vous faites de la politique ? Remarquez on jouit avec ce que l'on peut. »

… *attachée de presse*
1° « Avec qui c'est préférable de coucher dans votre métier, avec un client ou avec un journaliste ? »
2° « Dites, la jeune femme, là-bas avec un tailleur fuschia, c'est votre sœur ou votre collègue ? »
3° Lors d'un déjeuner de presse, la mettre au défi de dévoiler tout haut le nom des journalistes profiteurs.

... chanteuse
1° En écoutant sa chanson, lui demander si sa voix est doublée.
2° Lui avouer que son timbre vous fait penser à celui de Stéph' de Monac.
3° Lui dire que sa vie ressemble à une face B.
4° Lui assurer que sa voix est géniale... pour le play-back !

Si elle vous invite chez elle
1° Laissez échapper un : « Mon Dieu, que cela peut être laid chez les autres ! »
2° Dire sur un ton sérieux : « C'est chouette ici et puis ça fait installé ! »
3° « Pour avoir décoré votre appartement de cette manière, vous avez dû emprunter beaucoup de meubles à vos voisins, non ? »
5° Après avoir été invité chez elle, abonnez-la à *Maisons et Jardins*.

Si elle se marie avec un homme beaucoup plus âgé qu'elle
1° Lui souhaiter tous vos vieux de bonheur !
2° Lui demander si elle a déjà conseillé à son mari de souscrire une assurance-vie à son nom ?

Pour lui casser la baraque devant son futur crapaud mort d'amour
1° « Alors comme ça, c'est lui qui va te payer tes prochains loyers ? »
2° Appeler son mec Olivier alors qu'il s'appelle Franck et dire : « Excusez-moi, faut pas m'en vouloir, avec elle ça change tellement vite ! »
3° « Tu devineras jamais qui j'ai croisé en venant, ma chérie ? Ton mari ! »

8.
Être garce avec les V.I.P.

À la garce comme à la garce, avec les vieilles pies, c'est souvent un prêté pour un rendu ! De toute façon, vous ne risquez pas grand-chose parce que, avec ces petites bêtes, cela ne sert à rien de s'en faire bien voir vu qu'elles vous auront oubliées dès que vous aurez le dos tourné. Alors pourquoi se gêner ?

***Mes conseils :* 1° Ego hypotrophié s'abstenir ! 2° Lorsque vous êtes en face d'un mutilé du bulbe médiatique, pas la peine de tirer sur l'ambulance !**

L'importance monsieur, n'est-ce rien ? Le respect des sots, l'ébahissement des enfants, l'envie des riches, le mépris du sage...

BARNAVE

L'essence même des personnalités médiatiques, c'est d'être biodégradables et égocentriques ! Comme les marionnettes, ils font trois petits tours et puis s'en vont ! On en parle un temps, mais usés par la dope, l'alcool ou le PAF, ils partent en fumée, s'évaporent ou disparaissent. Un soir, on en croise une au restaurant et on se surprend à dire au serveur « s'il vous plaît, un café, l'addition, viiite » tellement on a peur que leur platitude soit contagieuse. Mais il y a ceux qui résistent à ce phénomène d'usure. Pour durer ou pour ne pas descendre de leur perchoir de pacotille, ils s'accrochent à toutes les branches qu'ils trouvent... Comme les ouistitis. Être garce avec ces « particules médiatiquement accélérées », c'est rentrer dans leur jeu. Pour cela, rien de plus fastoche. Deux techniques infaillibles : la flagornerie et l'utilisation des superlatifs. Ils n'ont pas de talent, ils sont géniaux, on n'aime pas ce qu'ils font, on adore ; ils ne sont pas professionnels mais perfectionnistes ; ils ne sont pas beaux mais charismatiques ; Paul-Loup Sulitzer est un écrivain et Bernard-Henri Lévy un philosophe...

Si vous avez quelque appréhension avant de vous mettre à la tâche, demandez-vous comment font tous ces gens pour préparer leur prochain concert, faire sa promotion ;

enregistrer leur nouvel album, faire sa promotion ; sortir un livre, faire sa promotion et s'arsouiller joyeusement jusqu'au petit matin dans tous les lieux à la mode... Pour faire... leur promotion... Et tout cela, en même temps !

Le livre, ils le signent, mais ne l'écrivent pas ; le studio, ils y vont mais au dernier moment ; quant aux concerts, là, même si parfois c'est en play-back, ils sont bien obligés d'y faire acte de présence. Vu sous cet angle-là, cela leur laisse beaucoup plus de temps pour les sorties, évidemment... Quand on se pose ce genre de questions, on a beau dire, on a beau faire, l'admiration s'étiole...

Avec B.-H.L.

1° N'essayez pas de le draguer, vous n'avez aucune chance, sa femme est sûrement plus canon que vous. Enfin, d'après les photos. Faites-lui plutôt croire qu'un de vos amis académicien a laissé filtrer le bruit que le prochain fauteuil serait pour lui. Il ne rêve que de ça !

2° Si vous êtes sa voisine de table au restaurant, en guise de dessert, commandez une tarte à la crème.

3° Au moment des présentations, laissez échapper un : « Avec le nom que vous avez, je vous confonds toujours avec B.H.V ! »

Paul-Loup Sulitzer

1° Demandez-lui si les femmes l'aiment pour le talent de ses nègres ou pour son argent.

2° « Le thème de votre prochain bouquin c'est quoi, le nouvel arrivisme ? »

3° « Avec les femmes, vous faites aussi tout faire par vos nègres ? »

P.P.D.A.
1° Laissez sa moumoute aux Guignols de l'Info, et dites-lui : « C'est curieux, on voit davantage Claire que vous ces temps-ci, changement de grille peut-être ? »
2° « Vous qui vous vous intéressez à la littérature, avez-vous lu *Les Mémoires d'un âne ?* »

Antoine de Caunes
Lui demander de dire trois fois sans respirer Supercalifragilisticexpidelilicieux ! Sans avoir, bien sûr, le numéro des pompiers à portée de la main !

Christophe Dechavanne
1° Le traiter de Sténotypiste hertzien ! Si vous ne savez pas pourquoi, lui ne le sait pas non plus !
2° En le voyant, laissez échapper un : « C'est drôle à la télé vous semblez beaucoup plus grand ! »
3° Lui dire que même les nains ont commencé petits !

Nagui
1° « C'est vrai que vous êtes plus grand que Dechavanne ! »
2° Lui offrir le livre de Jacques Salomé, *Heureux qui communique.*

Une journaliste de radio (n'importe laquelle)
« Vous, vous avez un physique à faire de la radio. »

Jean-Pierre Coffe

« Et vos préservatifs, vous les choisissez un par un, comme vos céleris ? »

Macha Béranger

Lui dire : « Vous chantez eh bien dansez maintenant ! »

Claudia Schiffer

1° Dites-lui qu'être mannequin, cela ne dure pas et que pour faire une carrière de comédienne, il faut du talent. Si elle vous rétorque qu'elle a pris des cours d'art dramatique à New York, répondez-lui que pour des raisons de budget de production, on joue rarement en Karl Lagerfeld, même à Hollywood.

2° « Ça vous fait quoi d'être le porte-manteau le plus cher du monde ? »

Naomi Campbell

Lui demander ce qu'elle fera quand elle sera vieille.

Johnny Hallyday

Ah, n'avez-vous pas retenu la loi fondamentale : il-est-lâche-de-chercher-à-se-venger-de-quelqu'un-qui-ne-peut-pas-se-défendre.

1° Demandez-lui comment il a réussi à avoir son permis moto.

2° Lui demander pendant combien d'années, il est resté S.G.F. (Sans Gonzesse Fixe).

Patricia Kaas

1° Rappelez-lui qu'elle n'est pas madame Piaf.

2° « C'est comment déjà l'air de la petite fille pauvre qui a réussi ? »

Vanessa Paradis

Lui présenter une photo d'Elsa et lui demander de vous la dédicacer !

Patrick Bruel

1° Lorsqu'on vous le présentera, faites semblant de ne pas le connaître !
2° « Vous êtes peut-être un artiste mais un chanteur, sûrement pas ! »
3° Lui demander si le dernier livre qu'il a lu c'était pas Placide et Muzo ?

Didier Barbelivien

1° « Si vous êtes collectionneur d'art, pourquoi n'achetez-vous que des croûtes ? »
2° « Ça vous fait quoi d'être le Édouard Leclerc de la chanson française ? »

Yannick Noah

1° « Quel dommage de passer autant de temps sur un deuxième album pour aussi peu de succès ! »
2° Chercher à savoir s'il a l'intention de se remettre au tennis.

Lova Moor

1° « Avez-vous déjà pris votre pied avec un véroci-laptor ? »

2° Lui demander combien font un et un ?
3° « Au lieu de vous trémousser en couinant, pourquoi ne vous contentez-vous donc pas de faire ce que vous savez faire, c'est-à-dire rien ! »

Luciano Pavarotti
Savoir s'il connaît l'air d'« une souris verte ».

Smaïn
1° « Avec votre restaurant marocain, vous avez le beurre et l'argent du beur ? »
2° Lui demander si, pour une parfaite intégration, il n'envisage pas une opération du nez ?

Avec un homme politique de gauche
1° Le supplier de vous expliquer pourquoi la gauche fait la même chose que la droite mais avec la mauvaise conscience en plus ?
2° Lui balancer sur un ton très sérieux que c'est grâce à Pinochet que l'économie du Chili a pu être redressée.
3° Lui demander s'il se souvient de ce qu'il faisait en Mai 68 ?

Avec un homme politique de droite
1° « Au fait, combien coûte un kilo de caviar ? »
2° L'inviter à un dîner où il n'y a que des partisans de Philippe de Villiers.
3° Lui demander si sa devise est bien : « Un pour tous, tous pourris ! »

Avec un centriste
1° Lui chanter : « Parce que ça lui donne du courage » ou « Entre les deux, mon cœur balance. »
2° Fredonnez dans son dos l'air de la chanson de Jacques Dutronc : « Je retourne ma veste. »
3° « D'après vous, qu'est-ce qui est le mieux : la gauche-caviar ou la droite-restauratrice ? »

François Mitterrand
Lui demander ce qu'il fera quand il sera vieux ?

Bernard Tapie
Jouer avec lui au Cluedo. Et dire pour les affaires Tranchant, Testut et O.M./Valenciennes, j'ai déjà le coupable !

Charles Pasqua
1° Chercher à savoir si son plat préféré n'est pas le bœuf-carottes.
2° Lui offrir l'ouvrage de Dale Carnegie intitulé *Comment se faire des amis*.
3° « Pourquoi la télé-surveillance : Vous êtes un fan de vidéo-amateur ? »
4° Lui demander si un flic c'est un voyou qui a réussi !

Nicolas Sarkozy
1° Offrez-lui le manuel d'apprentissage *J'apprends à calculer*.
2° Lui dire que vous êtes ravie de le rencontrer !

Jacques Toubon
1° Lui dire : « De toute façon, vous auriez accepté n'importe quel ministère, l'important pour votre femme c'est que vous soyez ministre, n'est-ce pas ? »
2° Lui dire que cela ne sert à rien qu'il perde son temps à édicter des lois stupides parce que, de toute façon, il ne figurera jamais dans le dictionnaire !

Le Pen
1° Emmenez-le dîner dans un restaurant cacher et dites-lui que vous êtes séfarade.
2° Lors d'un de ses meetings, invitez vos potes Ali, Mamadou, Mehmet, Fêt'Nat et Benito pour l'applaudir chaleureusement.
3° Lui demander ce qu'il pense des mariages couscous-frites ?
4° Jouer avec lui au jeu des 7 familles avec un jeu édité au Maghreb.

Wolinski
« On dit que c'est ceux qui en parlent le plus qui en font le moins, c'est vrai ? »

Jean-Paul Goude
Dites-lui qu'il risque la prison pour attentat à la couleur !

Jean-Jacques Beineix
« Vous faites quoi dans la vie, monsieur Besson ? »

Être garce avec les V.I.P.

Luc Besson
« Quelle est votre profession, monsieur Beineix ? »

Alain Delon
« Vos enfants vous appellent comment, papa ou papi ? »

Gérard Depardieu
1° « Avec le ventre que vous avez, c'est curieux que Slim Fast ne vous ait pas encore proposé de tourner leur prochain spot ? »
2° « Je vous ai déjà vu quelque part ? ça y est, j'y suis ! c'est vous qui êtes dans la pub Barilla ! »

Catherine Deneuve
1° En la voyant, lui dire : « C'est fou ce qu'on peut faire mentir des photos ! »
2° « Après Paribas, Balladur ? »

Christian Lacroix
1° « Vous ne faites pas de réductions pour celles à qui votre style va bien ? »
2° « À propos, monsieur Lacroix, où est votre bannière ? »

Karl Lagerfeld
Lui demander s'il pense un de ces jours à changer le look des boîtes de lait Gloria ?

Jean-Paul Gaultier
En lui parlant de son parfum, dire : « Enfin un parfum d'homme pour attirer les hommes ! »

Philippe Starck
Lui dire : « Les couteaux Mont-Blanc, c'est vous, aussi ? »

Senderens
1° « Vous faites quoi comme genre de tambouille ? »
2° « Comment fait-on pour mettre du beurre dans ses épinards ? et... pour sucrer les fraises ? »

Paul Bocuse
Lui dire : « Je trouve votre restaurant parfait pour les non-voyants. Ils profitent de la table sans voir la décoration ! »

Jean-Pierre Papin
1° « À combien se monte l'action Cacolac aujourd'hui ? »
2° Lui demander à combien s'élève sa feuille d'impôt.
3° Lui dire que vous n'aimez que les ballons de rouge !

Marie-Josée Perec
1° « Avec les mecs, vous courez aussi vite ? »
2° « Dans un lit, pour démarrer, vous avez besoin de starting-block, aussi ? »

Être garce avec les V.I.P.

Jacques Calvet

Lui demander si l'Évasion marche aussi fort en exportation pour l'Algérie ?

Jean-Dominique Perrin

Soyez culottée, offrez-lui un portefeuille Cartier fabriqué au Maroc !

9.
Le guide de la garce

Pour avoir l'air d'une pro ou tout simplement pour qu'il vous prenne au sérieux, quelques adresses à mettre dans votre agenda et surtout dans le sien. Partant du principe qu'on n'est jamais mieux servi que par soi-même, s'il veut vous faire un cadeau... conseillez-le ! S'il parle de vous emmener en voyage... donnez-lui des idées de destinations ! Suscitez, suscitez (en un mot bien sûr !). S'il résiste, n'oubliez pas de lui dire que les crédits, c'est pas fait pour les chiens !

***Mon conseil :* Avant d'être gâteuse, faites-vous gâter !**

Les adresses à connaître

Coiffeurs

Pour débarquer en blonde platine chez sa mère :

Alexandre Zouari, place de l'Alma, 75008 Paris. Pour les postiches et les teintures. Tél. : (1) 47 23 79 00

Pour le mettre au défi de vous crêper le chignon :

Alexandre, 3, avenue Matignon, 75008 Paris. Pour les chignons.

Pour se faire coiffer en même temps que son chien ou vice versa :

Ad Prince, 20, rue de Longchamp, 75016 Paris. Tél. : (1) 47 55 95 95

À éviter : le coiffeur même pour dames face à la caserne.

Décorateurs

Pour qu'il se sente chez vous mieux que chez lui mais dans l'appartement qu'*il* vous aura offert, faites décorer votre appartement par le plus grand décorateur parisien ! Un conseil, avant de le larguer, assurez-vous qu'il a déjà réglé la facture !

Gérard Gallet, 13, avenue Hoche, 75008 Paris. Tél. : (1) 42 25 18 51

À éviter : le conseiller de Conforama.

Fleuristes

Par snobisme, exigez qu'il vous offre des fleurs de chez Lachaume, 10, rue Royale, 75008 Paris. Tél. : (1) 42 60 57 26

S'il vous le dit avec des fleurs, qu'elles soient au moins en chocolat ! C'est meilleur même si cela dure moins longtemps ! S'il est romantique, il peut les choisir parfumées à la rose, au jasmin ou au vétiver. S'il est sensuel, à la cannelle ou au gingembre...

Christian Constant, 37, rue d'Assas, 75006 Paris. Tél. : (1) 45 48 45 51

Pour éviter d'aller au marché, faites-vous offrir un bouquet à croquer. Fruits, légumes, bonbons, bambous et fibres de coco mélangées !

Ivan Estivalet, 77, rue du Cherche-Midi, 75006 Paris. Tél. : (1) 42 84 37 07

Sent-bon

Pour éviter qu'à l'odorat, il vous confonde avec la concierge ou la voisine de palier.

L'Artisan parfumeur, 24, boulevard Raspail, 75007 Paris. Tél. : (1) 42 22 23 32

Comptoir Sud Pacifique, rue de la Paix, 75008 Paris. Pour le dépayser, sans billet d'avion.

À éviter : les « sent-bon » des supermarchés et ceux des boutiques Yves Rocher.

Pour lui refaire son portrait : L'Artiste Peintre, 54, boulevard Edgar-Quinet, 75014 Paris. Tél. : (1) 43 22 31 71

Pour lui apprendre à réfléchir, l'inscrire au Club du jeu de Go : Tél. : (1) 45 80 81 83

Pour « bricoler » une vengeance : Librairie du Compagnonnage, 2, rue de Brosse, 75004 Paris. Tél. : (1) 48 87 88 14

Pour le rendre jaloux, « louez » un mannequin pour un dîner :

Agence Elite (homme) : Tél. : (1) 40 44 32 44

« Tout se loue » : (1) 45 06 37 52

Pour dénicher l'objet le plus extravagant ou le plus rare. 3615 Code Introuvable. Pour les mecs, cela ne marche pas !

Si vous êtes en mal d'idées géniales pour qu'il vous fasse plaisir ou que vous n'avez envie de rien : 3615 Code ID Kado.

Pour des vacances de rêve

S'il veut vous inviter en week-end, dites-lui que vous rêvez : de l'hôtel Frégate à Saint-Cyr-sur-Mer, de la Villa San Michele à Fiesole (Italie), de découvrir Marrakech en logeant à la Mamounia (Maroc), de connaître le Splendido à Portofino (Italie), d'un séjour à New York au Four Season avec l'aller en Concorde, de l'Hacienda de Benazuza à Sanlucar la Mayor (Espagne), d'un retour aux sources au Lygon Arms à Broadway dans les Costwolds (Grande-Bretagne)

Pour les vacances, demandez-lui : une semaine de croisière sur le *Ponant* ou le *Club Med Two,* un farniente à Saint-Barthélemy à l'hôtel Guanahani (dans l'extension) ou à l'Amanpuri de Phuket (Thaïlande), si vous n'êtes pas tourne/retourne sur la plage, une visite de l'Espagne avec haltes nocturnes en Paradors ou un voyage à bord des trains de l'Orient-Express soit sur la ligne Paris-Venise, soit sur l'Eastern and Oriental Express, qui relie Bangkok à Singapour avec au départ une nuit à l'Oriental et à l'arrivée une nuit au Raffles.

Si vous êtes à court d'idées, procurez-vous la brochure des Leading Hotels of the World ou des Relais Châteaux qui répertorient les plus beaux hôtels du monde, vous y trouverez certainement votre bonheur.

Un conseil : S'il est sans le sou, préférez les gîtes ruraux aux chambres d'hôtes surtout si vos transports en commun sont bruyants et répétés !

À éviter : les VVF et les circuits organisés.

Pour l'emmener faire du shopping

À Paris : rue du Faubourg-Saint-Honoré, avenue Montaigne, rue François-Ier, rue des Rosiers (l'Éclaireur, Lolita Lempicka), place des Victoires (Kélian), place Saint-Germain.

Pour les coups de cœur sans coup de bambou : Les Puces de Clignancourt ou les Galeries Farfouillettes s'il est vraiment dans le rouge.

À Bordeaux : cours Georges-Clemenceau, place du marché des Grands-Hommes.

À Lyon : cours Vitton, rue des Archers.

À Marseille : rue Haxo.

À Toulouse : rue Saint-Rome, rue La Pérouse.

À Monte-Carlo : place du Casino, avenue de Monte-Carlo.

À Cannes : La Croisette.

À Saint-Tropez : rue Gambetta.

À Bruxelles : avenue Louise.

À éviter : le rayon habillement des hypermarchés et le look Mark and Spencer.

Se faire livrer à domicile

Ayez une envie de caviar à minuit ! La maison Caspia, place de la Madeleine, le livre à domicile jusqu'à 3 heures du matin ! Ou plus classique, La Maison du Caviar, 21, rue Quentin-Bauchart, 75008 Paris.

Si vous cherchez un prétexte pour traîner au lit, attendez qu'on vous livre vos croissants : Tél. : (1) 45 49 32 84

Pour éviter d'avoir des bols à laver : Le petit-dej, Mille Break First, 7, passage Abel-Leblanc, 75012 Paris. Tél. : (1) 43 45 76 53. Du diététique au traditionnel en passant par l'européen.

Si c'est un repris de justice, rappelez-lui de bons souvenirs en commandant du poulet : Allez Poulet Rôti aux Olives, 12 *bis*, rue Domat, 75005 Paris. Tél. : (1) 43 26 11 11

Pour le mettre d'emblée mal à l'aise, du cassoulet : 15, rue Montorgueil, 75001 Paris. Tél. : (1) 42 33 90 00

S'il est raciste, du boudin antillais : 6, rue Boissieu, 75018 Paris. Tél. : (1) 42 23 66 06

Pour vous faire pardonner d'être mi-figue, mi-raisin, faites-lui livrer une corbeille de fruits, avec des poires bien sûr : Colom, 150, avenue Victor-Hugo, 75016 Paris. Tél. : (1) 47 27 90 30

Et pour le nom : Le Spaghetti Distingué, 15, rue Hippolyte-Lebas, 75009 Paris. Tél. : (1) 49 70 04 72

À éviter : les pizzas à domicile.

Salons de thé

Pour jouer l'habituée, commandez chez : Angélina, 226, rue de Rivoli, 75001 Paris. Tél. : (1) 42 60 82 00

À n'importe quelle heure, un chocolat liégeois et un Mont-Blanc : Carette, 4, place du Trocadéro, 75016 Paris.

Tél. : (1) 47 27 88 56. Le matin, des croissants, l'après-midi des macarons.

Ladurée, 16, rue Royale, 75008 Paris. Tél. (1) 42 60 21 79. Le midi des petits sandwichs, l'après-midi des macarons.

À éviter : la part de gâteau au chocolat grignotée dans la rue avec le papier autour ou la glace Malabar mangée dans les mêmes conditions.

Pour le faire sauter au plafond : location de corsets, Angels et Bermans, 196, bd Voltaire, 75011 Paris. Tél. : (1) 43 67 43 92

Pour qu'il débarrasse le plancher : Allô Débarras, 34, rue Gay-Lussac, 75005 Paris. Tél. : 43 29 32 69. En plus le devis est gratuit !

Pour lui en faire voir de toutes les couleurs : feux d'artifice en kit, Ruggieri, 18, rue Notre-Dame-de-Lorette, 75009 Paris. Tél. : (1) 42 81 21 08

Pour savoir combien il a de petites amies ou à combien s'élève son compte en banque, faites appel à un détective privé ! Duluc, 18, rue du Louvre, 75001 Paris. Tél. : (1) 42 60 20 71

S'il hésite encore à dire oui, proposez-lui une formule « économique » un package beauté/mariage + Rolls avec chauffeur pour moins de 5 000 francs. Salons de coiffure Lucie Saint-Clair.

Agence de comédiens : Cinéart, 34, avenue des Champs-Élysées, 75008 Paris. Tél. : (1) 42 56 35 74

Si vous l'avez froissé, conseillez-lui de contacter Paris Repassage au : (1) 40 36 02 03

S'il est éjaculateur précoce : Allô Linge. Tél. : (1) 48 74 09 54

S'il y a un accroc dans votre relation : Allô Retouche. Tél. : (1) 42 46 66 46

Pour transformer son appartement en casino : Jeux Interdits. Tél. : (1) 45 48 33 64

Pour lui faire porter sa brosse à dents et son caleçon qu'il a oubliés chez vous : Les Grooms de Paris, 73, avenue Paul-Doumer, 75016 Paris. Tél. : (1) 45 04 45 05

Pour le bluffer sur vos talents d'hôte et de décoratrice : L'Affaire d'un Soir, 149, rue de la Pompe, 75016 Paris.

Pour le débaucher au lieu de l'emmener dans les bars louches de Pigalle, Phyléa, 61, rue Quincampoix, 75003 Paris. Très bonne librairie, menottes, corsets, colliers de chien, accessoires S.M.

S'il est nul au lit, au lieu de l'abonner à la revue *Couples*, rien de tel qu'un Club d'échangistes pour lui apprendre le B.A BA, le 69 ou quelques nouveautés... 2 + 2, 70, rue Lhomond, 75005 Paris. Tél. : (1) 47 07 25 81. Pour ne pas être pris au dépourvu, c'est ouvert 7 jours sur 7 !

Chris et Manu, 5, rue Saint-Bon, 75004 Paris. Tél. : 42 72 52 18. Pour l'ambiance et pour se faire des copains de partouze.

Le Clos, 5, rue Bernard-Palissy, 75006 Paris. Tél. : (1) 45 49 08 71

Le Relais de la Maréchalerie, La Trétoire, 77 Rebais. Tél. : (16) 64 20 93 78. Hôtel-restaurant libertin où certains week-ends se déroulent des festins coquins et des soirées tu-me-prêtes-je-te-prête.

Les lieux à fréquenter

Classiques ou à la mode, ces lieux sont des véritables nids de garces. Si vous les fréquentez, c'est à vos risques et périls... pour votre porte-monnaie !

Pour le sport

Pas pour en faire bien sûr, mais pour aller traîner histoire de se faire de nouveaux amis ou si vous avez des problèmes pour payer votre loyer.

Polo : Polo de Paris : Pelouse de Bagatelle, Bois de Boulogne

Golf : Golf de Saint-Nom-la-Bretèche à Saint-Nom-la-Bretèche

Tennis : Racing-Club de France, La Croix-Catelan, Bois de Boulogne

Musculation : Le Country-Club

À éviter : les stades municipaux, les salles de hand-ball et les terrains de football.

Discothèques

Chez Castel (Club Princesse), 15, rue Princesse, 75006 Paris. Club privé où l'on dîne si l'on est un habitué ou si l'on est avec quelqu'un. Pour voir et être vu.

Le King Club, 17, rue de l'Échaudé, 75006 Paris. Club privé, carte de membre.

Les Bains-Douches, 7, rue du Bourg-l'Abbé, 75003 Paris. Tél. : (1) 48 87 01 80. Histoire de vous saper le moral, sauf si vous faites partie de l'agence de mannequins du coin. Les plus belles filles de la planète s'y donnent rendez-vous, les plus beaux mecs aussi. Concurrence déloyale.

Studio A, 49, rue de Ponthieu, 75008 Paris. Tél. : (1) 45 61 46 47

Queen, 102, avenue des Champs-Élysées, 75008 Paris. Tél. : (1) 42 89 31 32. Parfaite si vous êtes d'un naturel jaloux. Au moins, là, on ne risque pas de vous piquer votre toto, à moins qu'il soit à voile et à vapeur, dans ce cas-là, prenez le large.

Le Casbah : 18, rue de la Forge-Royale, 75011 Paris.

Décor des Mille et Une Nuits pour rester dans l'ambiance après avoir mangé un couscous ou après un retour de vacances.

À éviter : les bals-musette.

Pour le petit dej

Hôtel Lancaster, 7, rue de Berri, 75008 Paris. Tél. : (1) 40 76 40 76. Pour le premier repas de la journée, un jardin, une statue et des viennoiseries d'enfer.

Le Café de Flore, 172, bd Saint-Germain, 75006 Paris. Tél. : (1) 45 48 55 26

À éviter : les distributeurs de café.

Pour une nuit sans laisser d'adresse

S'il est riche ou qu'il en a l'air et que vous aimiez le luxe contemporain : Hôtel Montalembert, 3, rue Montalembert, 75007 Paris. Tél. : (1) 45 48 68 11

Si c'est un intello et que vous avez peur qu'il soit du genre « c'est toujours quand t'as fini que j'ai envie que ça commence », L'Hôtel, 13, rue des Beaux-Arts, 75006 Paris. Tél. : (1) 43 25 27 22. Vous pourrez au moins y parler de Mistinguett et d'Oscar Wilde qui eut la bonne idée d'y mourir dans la plus grande misère.

S'il est branché septième art et vous septième ciel : Le Lennox, 9, rue de l'Université, 75007 Paris. Tél. : (1) 42 96 10 95

Moins cher, mais avec une vue imprenable : les berges de la Seine. Évitez toutefois le dessous de ponts, ça pue et c'est souvent déjà occupé.

Pour le voir tomber raide-love : La Ferme Saint-Siméon, rue Adolphe-Marais, 14600 Honfleur. Tél. : (16) 31 89 23 61. Poutres, meubles anciens et tableaux anciens pour un plan séduction d'inspiration impressionniste.

Le Relais du Bois Saint-Georges, rue de Royan-cours Genêt, 17100 Saintes. Tél. : (16) 46 93 50 99. Un hôtel insolite, délirant, hyper-sympa où l'on peut réaliser tout plein de fantasmes en choisissant bien sa chambre : Banquise, Monte-Cristo, Tombouctou... En plus, la meilleure table de la région !

Le Château de Tertre, 14700 Saint-Martin-de-Thoumieux. Tél. : (16) 31 90 01 04. Pour sa chambre Alphonse Allais et sa table exceptionnelle.

Et si vous êtes à court d'idées : Châteaux Hôtels Indépendants. Tél. : (1) 43 54 74 99 et Relais Châteaux : (1) 47 23 41 42

À éviter : les dortoirs de l'Armée du Salut ou la voiture dans un parking.

Pour le brunch

Le Café Marly, cours Napoléon, 93, rue de Rivoli, 75001 Paris. Tél. : (1) 49 26 06 60

Coffee Parisien, 5, rue Perronet, 75007 Paris. Tél. : (1) 40 49 08 08

Duke, 20, rue de Ponthieu, 75008 Paris. Tél. : (1) 42 56 19 10

Higgins, 1, rue Montalivet, 75008 Paris. Tél. : (1) 42 66 95 26. Histoire de faire des rencontres style Jaguar et particule ou c'est moi qui cause dans le poste. Le restau le plus sympa de la capitale où tout peut arriver, surtout lors des soirées de célibataires.

À éviter : la saucissonnade-bière au bord de la Seine (ça fait peur aux poissons) et le pique-nique pâté-Fanta-Orange sur le bord de l'autoroute.

Pour déjeuner

Le Petit Poucet, sur l'île de la Jatte. Pour l'épater (c'est pas sur la carte), demandez un tartare poêlé au couteau et pour dessert un parfait au café.

Chez Pauline, 5, rue Villedo, 75001 Paris. Tél. : (1) 42 96 20 70. Le meilleur bistrot de Paris pour être sûre de le mettre dans votre poche sans lui assener un coup de bambou sur la tête !

Beato, 8, rue Malar, 75007 Paris. Tél. : (1) 47 05 94 27. Les Penes à la vodka ne sont pas sur la carte, une raison de plus pour se pochetronner sans en avoir l'air !

L'Arpège, 84, rue de Varenne, 75007 Paris. Tél. : (1) 45 51 47 33. Agneau à la fondue de truffe ou canard « Louise Passard ». Dessert : mille-feuille au chocolat avec un verre de vieux Banyuls ! Histoire de se pencher sur le corps électoral.

Si vous avez peur de vous ennuyer, la décoration du Train Bleu vous fournira au moins un sujet de conversation : Gare de Lyon, 20, boulevard Diderot, 75012 Paris. Tél. : (1) 43 43 09 06

À éviter : la cafétéria Casino.

Pour dîner

Une façon agréable de se faire pardonner ses huit minutes douze de retard lors de votre dernier rendez-vous.

Pour vous arsouiller chic et sans remords (la plus fastueuse carte des vins de Paris) : Taillevent, 15, rue Lamennais, 75008 Paris. Tél. : (1) 45 61 12 90

Pour voir s'il bluffe ou s'il a vraiment les moyens : L'Ambroisie, 9, place des Vosges, 75004 Paris. Tél. : (1) 42 78 51 45. La meilleure tarte au chocolat de la capitale !

Vivario, 6, rue Cochin, 75005 Paris. Tél. : (1) 43 25 08 19. À la bonne franquette... corse. Histoire de le dérider.

La Closerie des Lilas, 171, boulevard du Montparnasse, 75006 Paris. Tél. : (1) 43 26 70 50. Foncez directement vers le fond afin qu'il vous invite au restaurant et non pas à la brasserie. Pour qu'il pense que vous êtes une intello-nostalgique.

Lucas-Carton, 9, place de la Madeleine, 75008 Paris. Tél. : (1) 42 65 22 90. Donnez-lui à choisir entre la pizzeria du coin de la rue et ce temple du palais. S'il ne fait pas le bon choix, plantez-le au milieu de la rue, il ne l'aura pas volé !

La Table d'Anvers, 2, place d'Anvers, 75009 Paris. Tél. : (1) 48 78 35 21. Pour voir comment il se tient à table et pour le plaisir de faire un vrai repas gastronomique.

La Maison Blanche, 15, avenue Montaigne, 75008 Paris. Tél. : 47 23 55 99. Pour une des plus belles vues sur la capitale et pour son gâteau de foie gras !

En province :

Gérard Boyer, Château des Crayères, 64, boulevard Henry-Vasnier, Reims. Tél. : 26 82 80 80

L'Olivier, 12, rue A.-Ollivier, Montpellier Tél. : 67 92 86 88

Le Petit Comptoir, rue de la République, Narbonne. Tél. : 68 42 13 21

Saint-James, 3, place Camille-Hostein, 33270 Bouliac. Tél. : 56 20 52 19

À éviter : les Mac-Do.

En cas de besoin

Secrétariat d'État aux droits des femmes et à la consommation, 58, rue de Varenne, 75007 Paris. Tél. : (1) 40 04 04 04. Pour consommer mieux vaut être informé !

Centre de recherches, de réflexion et d'informations

féministes, 1, rue des Fossés-Saint-Jacques, 75005 Paris. Tél. : (1) 43 25 63 48. Histoire de trouver de nouvelles pistes.

Librairie des Femmes, 74, rue de Seine, 75006 Paris.

Épilogue

À la fois surprenante, insolente, désarmante, influente, intelligente, tentante, troublante, la garce est la femme qui hante. Mouvante et éphémère, insaisissable, protéiforme, jamais là où on l'attend, elle ne joue que pour son propre compte. Sa stratégie étant incontrôlable, chaque garce est un cas d'espèce. S'il y a des moules à tarte, il n'y a pas de moule à garce.

Au cours de ces quelques pages, j'ai tenté de définir les traits dominants de cette curieuse petite bête, ses caractéristiques, ses désirs, ses comportements et d'en faire un prodige de vertu alors qu'on en fait un monstre de tous les vices. De tous les vices ? Comme si un seul bien exploité n'était pas suffisant !

Parce que le jeu de la séduction est soumis à des règles, qu'il ne fonctionne pas sur l'imaginaire mais bien dans le réel, la garce laisse les signes en suspens. Cultivant avec brio la science du retournement, avec elle, c'est toujours le négatif à l'œuvre, la transgression, le vertige, des apparences et de la beauté d'abord, du non-sens commun ensuite. Dans la Genèse, on nous raconte que Dieu créa l'homme et l'homme bidouilla la femme (sortir d'une côte, vous appelez ça comment vous ?) et la mythologie nous explique que Tirésias fut condamné à la cécité par Héra pour avoir révélé que la jouissance de la femme dépassait celle de l'homme... Pauvres Totos, faut-il qu'ils soient traumatisés pour inventer de telles sornettes ! En nous confisquant le pouvoir de création dès le départ, les mecs ont voulu nous montrer que primo, c'est eux qui commandent, et deuzio, que nous leur devons tout, puisqu'ils sont à l'origine de notre propre création. Ah là là ! Avec des raisonnements comme ceux-là, on n'est pas loin de penser que la répartition des mérites des uns se fait sur les fautes des autres, genre Communion des Saints et tout le tsoin tsoin... Pas d'accord ! Nous, parce qu'on est rien que des filles, on trouve que d'être le premier, c'est une piètre revanche, ça fait brouillon, ébauche, esquisse, travail d'amateur ! Et puis on aurait tendance à penser que si l'homme, avec sa masse musculaire et son haleine à décoller les papiers peints, est le produit le plus abouti de l'évolution, il y a de quoi s'inquiéter quant au devenir du reste de l'humanité... Nous, on croit ce que l'on voit, et notre expérience nous montre que l'homme est un faux dur et c'est souvent au plumard qu'on s'en rend compte ! Et si on n'est rien qu'une garce, et qu'il ne fait pas le poids, on lui dit de mettre sa vanité à la niche tout en lui donnant rendez-vous au bac à sable. Alors bien sûr, ça fâche. Pour sûr qu'avec une amie comme elle, on n'a pas besoin d'ennemie !

Les garces qui nous séduisent sont celles du jeu, pas celles du fric. Dès lors que l'intérêt supplante l'esprit ludique, on joue uniquement pour gagner et pour cela, la recette est simple, il suffit d'affronter des hommes plus faibles que soi. Nul ! Dans ce cas-là (malheureusement très fréquent), les moyens utilisés sont d'une banalité affligeante, ils manquent de saveur, d'instruction, de culture. De finesse. Bref, les hommes n'ont que les garces qu'ils méritent.

Si une femme boit de la Kronenbourg, jure comme un charretier dans les embouteillages, a l'ambition de devenir chef de service dans sa compagnie d'assurance, affole tous les mecs de son quartier en dénudant ce qu'elle a de plus réussi, porte des écrase-merde pour ne pas être esclave de sa féminité, bref, si elle troque la médiocrité féminine contre une insuffisance majoritairement masculine en reprenant les stéréotypes en vigueur, ce n'est pas une garce. Mais une imitation ! Et il faut toujours se méfier des contrefaçons ! Comme il y en a beaucoup, ça pourrit le marché, banalise l'image et rend le produit accessible à n'importe quel niaiseux venu. La garce qui séduit l'amateur de mièvrerie, le faible, le lâche, l'homme « installé » est un ersatz. Elle ne prend aucun risque, c'est gagné d'avance. En revanche, celles qui arrivent à séduire les mecs du genre « j'ai l'honneur de ne pas te demander ta main » sont les authentiques. Estampillées et homologuées comme telles. Parce que là, elles risquent de se casser le nez, le cou, la binette. Et à partir de ce moment-là, comme l'écrivait Henri Rochefort, « toutes les questions sont possibles à propos de cette femme »...

Être la cerise sur le gâteau oui, le fruit confit non ! Trop sucré, trop sirupeux, avec un fruit confit, il n'y a pas de surprise, c'est toujours plus ou moins le même goût ; avec une vraie cerise en revanche, de la griotte au bigarreau en passant par la guigne (une qualité pour une garce), les saveurs changent, surprennent, étonnent, séduisent.

Aujourd'hui, si les garces existent toujours, l'art, en revanche, a tendance à justement se faire la cerise. Le savoir-faire se perd, les techniques ne sont plus maîtrisées, à l'heure des copies couleur laser, des tableaux achetés dans les supermarchés et de la liposuccion, on est tenté de faire n'importe quoi. On confond tout, l'indépendance est synonyme d'un compte en banque confortable, la liberté d'un travail, la tendresse de l'amour... Parce qu'elles prennent la pilule, sortent le soir, peuvent élever des enfants toutes seules, gagnent leur vie et décident de la couleur du canapé, elles ont l'impression que les rapports de force homme/femme sont suffisamment atténués pour les immuniser de la garcitude. Grossière erreur ! Le *women's lib* n'a pas été une révolution mais bien une involution et les féministes ne s'adressent jamais qu'aux femmes... Fini les éminences en dentelles à qui je désire encore rendre hommage, les Louise Labé, Marie d'Agoult, Juliette Adam, Lou Andréas-Salomé, Gala Diakonova, Nancy Cunard, Misia Sert, aujourd'hui les femmes n'ont plus la noblesse de leur contradiction. Elles ont aboli elles-mêmes ce qui faisait leur privilège. Tant pis pour elles ! C'est pour cela que les garces sont rares. Tant mieux, elles n'en sont que plus attirantes.

Du talon aux aiguilles les garces sont l'aristocratie de la femme.

Quant à moi, si on me pose la question de savoir pour quelles raisons j'ai écrit ce livre, si c'est autobiographique, si j'en suis une et patati et patata... ma réponse est simple : je n'ai rien à dire à tout le monde !

Que la garce soit avec vous !

ANNEXE

Test : êtes-vous une garce ?

Peut-être êtes-vous plus garce que vous ne le croyez, ou tout simplement l'êtes-vous sans le savoir ? Pour en avoir la certitude, faites ce test sans tricher, pour une fois. Cela dit, vous pouvez le faire en deux temps. Une fois pour de vrai, au crayon à papier et la seconde pour de faux, au stylo bille après avoir pris connaissance de vos résultats ! De façon à ce que, lorsque votre mec feuilletera ce livre et verra que vous avez répondu tout bien comme il faut, il pensera que vous êtes une bien belle garce ! À vous ensuite de ne pas le décevoir !

1. — En France, les hommes nous achètent combien de carats de diamants chaque année ?

a) 100 000
b) 150 000
c) 200 000
d) 500 000
e) un million

2. — La longueur moyenne d'un pénis adulte au repos est de :

a) 9 cm
b) 11 cm
c) 12 cm
d) 17 cm
e) 20 cm

3. — À éviter de faire devant son mec :

a) Téléphoner à sa mère
b) Changer de tampon
c) Se mettre les doigts dans le nez
d) Faire pipi la porte ouverte
e) Se masturber

4. — Un mec, c'est fait pour :

a) Offrir l'essentiel (bijoux, voyages, vêtements)
b) Servir de bouillotte sous la couette

c) Payer le loyer et les frais d'entretien
d) Partager des moments forts
e) Se marier et faire des enfants

5. — *Vos terrains de chasse favoris :*
a) Les fêtes chez les copains
b) L'avion en first
c) Les discothèques
d) Le Framissima de Ouarzazate
e) Les clubs de rencontres

6. — *Pour vous l'homme idéal c'est :*
a) Pas de critère physique ou économique pourvu qu'il baise bien et que lorsqu'il l'ouvre, ça n'empeste pas le saucisson à l'ail
b) Un mec qui ignore tout du PSG et du Quinze de France
c) Le mec de la pub Camel Trophy
d) Le PDG d'une holding internationale
e) Un compagnon fidèle et gentil

7. — *Où situez-vous le point G ?*
a) Au tiers de la paroi antérieure du vagin
b) Partout où ça fait des guilis
c) À l'extrémité du clitoris
d) Au point médian des deux lèvres
e) À gauche, en entrant

8. — *Rien qu'au goût, êtes-vous capable de faire la différence entre :*
a) Un foie gras de canard et un foie gras d'oie ?
b) Un saint-émilion et un pauillac ?
c) Du champagne et du mousseux ?
d) Du caviar et des œufs de lump ?
e) Un homme et une femme ?

9. — *Rien qu'à l'œil, êtes-vous capable de faire la différence entre :*
a) Un bon coup d'un mauvais ?
b) Un riche au look de pauvre et un pauvre au look de riche ?
c) Un diamant et un zircon ?

d) Une vraie et une fausse montre Cartier ?
e) Une Aston Martin et une Diablo ?

10. — Que regardez-vous d'abord chez un mec ?
a) Son postérieur
b) Son charme
c) Ses pompes
d) Sa carte bleue
e) Son âge

11. — Pour vous Mason Pearson évoque :
a) Une brosse à cheveux
b) Une vieille voiture
c) Un costumier anglais
d) Une marque de whisky
e) Un play-boy du cinéma muet

12. — Votre rêve :
a) Être sa maîtresse
b) Sa muse
c) Sa femme
d) Son ombre
e) Sa belle-mère

13. — Êtes-vous capable de :
a) Vous faire pardonner toutes vos maladresses. Toutes.
b) Soutenir le regard d'un mec à plus forte raison si ce n'est pas le vôtre
c) Vous faire offrir ce dont vous avez envie
d) Lui apporter son journal et ses pantoufles comme Médor
e) Lui dire « Je t'aime » une semaine après l'avoir rencontré

14. — Pour sortir, votre tenue ?
a) N'importe quoi mais sans rien dessous
b) Au feeling. Ce qui vous va le mieux ce soir-là
c) Tout dépend du programme ou du look des gens que l'on va retrouver

d) La robe de votre copine
e) Rouleaux, robe-tablier et chaussons

15. — Votre devise ?
a) Après moi, le déluge
b) Qui m'aime me suive
c) *Fluctuat nec mergitur*
d) Aide-toi, le ciel t'aidera !
e) Rien faire et laisser dire

16. — Vous vous apercevez qu'il se sert de vous, votre réaction ?
a) Vous attendez patiemment qu'une occasion se présente, au besoin vous la créez pour qu'il se souvienne toute sa vie qu'on ne joue pas à ça avec vous
b) Vous prenez le parti de vous servir de lui
c) Vous le prévenez qu'il ne perd rien pour attendre
d) Vous lui dites franchement qu'il exagère
e) Vous passez l'éponge

Réponses

Additionnez votre nombre de réponses A, B, C, D et E. Reportez-vous ensuite aux résultats.

Résultats

> 10 A : Ne seriez-vous pas la descendante directe de Madame de Merteuil par hasard ? En tous les cas, félicitations ! Votre habileté est à la hauteur de votre imagination. À défaut de faire du cinéma vous avez du génie pour la mise en scène. Mots qui blessent et regards qui tuent, votre finesse d'esprit n'a rien à envier à celle de votre taille ! Belle et rebelle, nul doute que vous êtes passée maître dans l'art du jeu érotique et social. Malheur à l'Apollon qui tombe dans votre toile d'araignée et surtout malheur à celle qui essaiera de vous le faucher ! Vous obtenez toujours ce que vous désirez et rien ni personne ne peut vous empêcher d'atteindre votre but.

>**10 B :** Sans être l'héritière de Carmen, vous avez plus d'un tour dans votre pochette surprise ! Main de fer dans un gant de velours, vous savez parfaitement retourner le couteau de la vengeance dans la plaie des amours. Vous allez là où le vent vous mène sans vous embarrasser outre mesure de remords ou de souvenirs superflus. Inutile de vous prévenir d'où vient le danger, votre instinct vous guide mieux qu'une boussole. Si vous connaissez toutes les recettes pour faire fondre n'importe quel homme, vous avez en revanche trop souvent tendance à avoir l'esprit de l'escalier. Cultivez un peu plus votre sens de la repartie.

>**10 C :** La diplomatie sentimentale, ça vous connaît ! Mais dès que vous vivez une passion, vous accumulez les erreurs. Vous êtes femme jusqu'au bout des ongles mais pas jusqu'au bout de le vengeance. Vous êtes trop dedans. Vous n'agissez pas, vous ne faites que réagir. Vous ne mettez en jeu vos sentiments qu'au moment où vous sentez qu'ils se font la malle mais en vous trompant d'instruments de combat. Vous lancez des fusées de détresse où il faudrait envoyer des lance-roquettes. Ayez une attitude offensive !

>**10 D :** Quelle belle âme ! Vous avez bon fonds, c'est vrai. À la fois fleur bleue et oie blanche. Habitée par la pensée judéo-chrétienne, vous pensez qu'en faisant du tort aux autres, c'est soi-même que l'on blesse. À chacun ses perversions. Du genre à sortir les bandes Vélpos à tout propos, il est temps pour vous d'abandonner l'homéopathie au profit de la chirurgie...

>**10 E :** Irrécupérable ! Ou vous êtes une vraie sainte nitouche ou vous l'avez fait exprès, mais je me refuse à croire que vous êtes nunuche à ce point ! Mais comme j'ai un doute, je vous engage vivement à relire ce livre et au point où vous en êtes, à apprendre certains passages par cœur ! N'oubliez pas que vous êtes une femme, pas un paillasson !

Bibliographie

La Bible.
Georges Duby et Michelle Perrot, *Histoire des Femmes*, Plon.
Alain Decaux, *Histoire des Françaises*, 2 tomes, Librairie Académique Perrin.
Guy Breton, *Histoires d'amour de l'Histoire de France*, 2 tomes, Presses de la Cité.
Florence Montreynaud, *Le XXe siècle des Femmes*, Nathan.
Dictionnaire du Cinéma, collection Bouquins, Robert Laffont.
Barry Paris, *Louise Brooks*, PUF.
Raymond Castans, *Sacha Guitry*, Éditions de Fallois.
Dictionnaire des Littératures, Bordas.

Un grand merci aux magazines féminins *Cosmopolitan*, *Vital*, *Frou-Frou*, *L'Officiel de la Mode* et *Vingt Ans* pour m'avoir inspiré des travers de garcitude et un grand bravo au passage pour la qualité de leurs rédacteurs (trices).

DU MÊME AUTEUR

Guide des lunes de miel

avec Jean de Villedieu
Rageot éd., Paris, 1993.

J'ai 20 ans et je couche dehors

en coll. avec Lydia Perréal
Éd. Lattès, 1995.

La composition de cet ouvrage
a été réalisée par l'Imprimerie BUSSIÈRE,
l'impression et le brochage ont été effectués
sur presse CAMERON dans les ateliers de B.C.I.,
à Saint-Amand-Montrond (Cher),
pour le compte des Éditions Albin Michel.

Achevé d'imprimer en février 1995.
N° d'édition : 14239. N° d'impression : 3237-94/952.
Dépôt légal : mars 1995.